无价体验

99免费景点攻略

（沪苏浙皖赣篇）

東方出版中心

目录 / CONTENTS

浙 / 江 / 篇

江 / 苏 / 篇

江 / 西 / 篇

安／徽／篇

世界上最珍贵的东西都是免费的

至今还记得那幅画面。母亲瘦弱的年轻的臂膀，搀着年幼的我辗转于杭城。外婆常年哮喘，每到秋冬必犯，没人照看的我由母亲带着，去找一种叫紫菀花的药，专治咳喘。当时正值中秋，残荷参差，桂花竞放。母亲好像也不大着急了似的，带着我渐入一条山谷。不知不觉，就有甜香飘来，愈近愈浓，母亲站住，我不懂，也跟着站定。如今回想，只觉恍惚，桂树婷婷，人流如织，细密黄花如雨丝飘零。后来读了书，才知道那个地方叫作满觉陇。

至今还记得那幅画面。成年后一个人独自旅行在地球另一边的冬季。那是一个叫伯尔尼的地方，异乡客喜爱那条从中世纪保留至今的拱形长廊，亦为世界遗产中最长的一条拱形长廊，大约有6公里之长。古时候这里是城的中心了，现在则成为异乡客的精神家园。零零星星的小店遍布其间，有时候路过一个橱窗，呼出的热气和嘴边的冷气形成对比，瞬而看到玻璃窗里斜挎着包孤单的自己，却并不觉得孤单。

至今还记得那副画面。好友Q的父母互相依偎着走在沉入夜色、陷入平常生活的西塘古镇的青石板路上。Q的母亲之前经历脚伤，吃不上力，故而脚履蹒跚。老父亲两年前腰椎严重受损，此刻却为妻负重，一根臂膀当起了拐杖。路灯昏黄，影子拉长，老巷呢喃着岁月的过往，两人的身体朝一边倾斜，路面好像不平，与喃喃的低语声一起，沉醉于春夜，也为春所沉醉。

我们都会有这样的经验：童年去过的那个小山村依稀传来久违的童谣、少年时与同伴挽手走过的无名大草原在某一天与你重逢，或是青年时对于一幢奇异的老建筑永生难忘的记忆和深埋在心底不为人所知的故事……不禁凝神，直到那些感动的片段丝丝浮起，拼凑出一个纯粹的精神世界，难免泫然泪下的感慨。

它是那么地轻，又是那么地重。它是那么地简单，又是那么地昂贵。它和世界上所有最珍贵的东西一样，无以计价。

阳光，免费的。空气，免费的。爱情，免费的。亲情，免费的。友情，免费的。梦想，免费的。信念，免费的。

以及，旅行的回忆，免费的。

那么多美好的东西都是免费的，造物主早已把最珍贵的一切，免费地给予了我们每一个人。如果要说，当你回顾一生，你真正所珍视的那些旅行是什么，一定就是那些不买门票，或早已淡忘是不是买了门票的旅程。它带给我们毕生的回忆，才最奢侈。

“我们沿着康河散步。徐志摩的康河，原来是这种小桥流水人家的河，蜿蜒无声地汩汩穿过芳草和学院古堡。走到一条分支小溪沟，溪边繁星万点，葳蕤茂盛的野花覆盖了整个草原。这野花，不就是《诗经》里的‘蘼芜’，《楚辞》里的‘江离’？涉过浓密的江离，看见水光粼粼的小溪里，隐约有片白色的东西飘浮——是谁不小心落了一件白衬衫？”这是龙应台在《十七岁》里写到的。这一切行者的诗意，伴随着我们人生的沙漏尽情倾覆，留下的，净是些让人难以忘怀的东西——比如，这个春季，你曾经到过那里，到过那样一个城市，亲手为自己捡起过那片翠叶。

随后的凋谢，又算得了什么呢？

“早上，灿亮的阳光扑进来，我打开窗帘，看窗外那一片平凡而现实的风景。心想，这中间，也必有巨大的美的可能。”

2012年起，《旅游时报》推出“史上最强免费99景点攻略”专题，收集了长三角范围的99个不需要门票的景区（点），受到游客的热烈欢迎；此后的三年间，每逢五一、十一黄金周，《旅游时报》先后推出了史上最强免费99景点攻略“长三角版”、“全国热门景区版”、“桃源梦”等多个专题。如今，我们出版的这本《无价体验—99免费景点攻略（沪苏浙皖赣篇）》涵盖了沪、苏、浙、皖、赣四省一市最有代表性的99个免费景点，这些目的地基本控制在与上海相距500公里（5个小时）车程以内。更可贵的是，这些目的地，不仅免费，而且景美，符合原生态特色，深受市民游客欢迎。免费景点不仅仅在于发现，更在于深入体验。愿我们的这本小书，不仅让你找到了免费，更拥有无价的体验！

上海篇

SHANGHAI

1. 万国建筑博览群：外滩

外滩南起延安东路，北至外白渡桥，在这段1.5公里长的外滩西侧，矗立着52幢风格迥异的古典复兴大楼，素有外滩万国建筑博览群之称。

关键词：建筑、人文、历史

地址：上海市黄浦区

推荐理由：

外滩位于上海市中心黄浦区的黄浦江畔，清道光二十四年（1844年）起，这一带被划为英国租界，成为上海十里洋场的真实写照，也是旧上海租界区以及整个上海近代城市的起点。

外滩南起延安东路，北至外白渡桥，在这段1.5公里长的外滩西侧，矗立着52幢风格迥异的古典复兴大楼，素有外滩万国建筑博览群之称。几百年来，纤夫的足迹就在黄浦江畔踩出一条曲折多弯的小道，人们称之“纤道”，这纤道就是外滩最早的路。一百多年前，当殖民者们踏上上海这块陌生的土地时，就看中了黄浦江的这片江滩。这条曾经是船夫与苦工踏出来的纤道，经过百余年的建设，如今已高楼林立、车水马龙。这些古典主义与现代主义并存的建筑，已成为了上海的象征。每当华灯初上之时，外滩各栋建筑物上灯光辉煌，一座座犹如水晶宫，令海内外游客赞叹不已。

美食推荐：

外滩周边有许多百年历史的酒店，如和平饭店、浦江饭店等。在这里，你可以品尝到正宗的上海本帮菜，也可以吃到原汁原味的西餐。

周边景点：

“外滩源”位于黄浦江和苏州河的交汇处，区域内保留着一批建于1920年至1936年间的各式近代西洋建筑，为外滩历史文化风貌区的核心区域，是外滩“万国建筑博览会”的源头，也是上海现代城市的源头。

2. 中国四大博物馆之一：上海博物馆

上海博物馆的青铜器主要以晚清以来江南几位收藏大家的名品为主，如著名的大克鼎等。上博陶器瓷器的收藏集中了江南的大部分精品，其中，史前时代的良渚文化细刻陶器为稀世珍品。

关键词：博物馆、历史、人文

地址：上海黄浦区人民大道201号

推荐理由：

上海博物馆是与北京、南京、西安齐名的中国四大博物馆之一，陈列面积2800平方米，开设有12个专题陈列室，展示的珍贵文物以青铜器、陶瓷器、书画等为主，此外，还藏有钱币、玉器、雕塑、少数民族工艺品等珍贵文物。

上海博物馆的青铜器主要以晚清以来江南几位收藏大家的名品为主，如著名的大克鼎等。上博陶瓷器的收藏集中了江南的大部分精品，其中，史前时代的良渚文化细刻陶器为稀世珍品。原始青瓷的收藏也是馆藏的一大特点。上博历代书画的收藏，素有江南半壁江山之说。书法中，王献之（东晋）的《鸭头丸贴》、高闲（唐）的《千字文卷》等，皆为一代杰作。绘画中，孙位（唐）的《高逸图》、董源（五代）的《夏山图卷》等都是稀世之珍。至于明清两代画家作品的收藏，更为当代之冠。

美食推荐：

上海博物馆位于上海市中心，周边有南京路、福州路、广东路等繁华商业街，游客可以寻觅到众多上海小吃和各国美食，价格从高到低均有，可满足不同消费层次。

周边景点：

上海城市规划馆以“城市、人、环境、发展”为展示主题，展示了上海城市规划建设发展的成就，既让人知晓城市规划，又让人参与城市规划，架起了市政府与市民间的沟通桥梁。

3. 石库门里的时尚摩登区：新天地

白天，你可以看到很多中外游客来新天地观光、拍照留念。临近傍晚时分，这里更是弥漫着浪漫的欧式风情。

关键词：建筑、时尚、美食

地址：上海市黄浦区太仓路181弄

推荐理由：

上海新天地位于淮海中路南侧，东至黄陂南路，西到马当路，北沿太仓路，南接自忠路，占地面积3万平方米，建筑面积6万平方米。新天地是一个以石库门建筑为主体，有着欧式风情的休闲和娱乐总汇，汇集了各种酒吧、餐厅和夜总会，是上海新建景观之一。

白天，可以看到很多中外游客到新天地观光、拍照留念。临近傍晚时分，这里更是弥漫着浪漫的欧式风情。露天的酒吧、咖啡吧最受年轻一族和老外们的欢迎，一家家各具特色的餐饮店灯火辉煌，充满浪漫情调，生意红火。此外，新天地里的时装店也值得一逛。漫步新天地，仿佛时光倒流，犹如置身于二十世纪二三十年代的上海，但跨进每个建筑内部，则充满现代和时尚感。

美食推荐：

新天地里有各国的餐饮，也有各式酒吧，可以满足不同国籍的游客不同的口味和需求。

周边景点：

出了新天地，来到太平湖，湖边垂柳依依，湖中喷泉欢腾，一派美景引人入胜。新天地不远的淮海路上，商家云集，可同时满足购物、餐饮、娱乐等多种需求。

1. 东方之冠：中华艺术宫

中华艺术宫的造型包含了繁体的“华”字，同时勾勒出“东方之冠”的形象外观，东方红更是体现了炎黄子孙对祖国的热爱。

关键词：艺术、人文

地址：浦东新区上南路 205 号

推荐理由：

中华艺术宫由中国 2010 年上海世博会中国国家馆改建而成，其造型包含了繁体的“华”字，同时勾勒出“东方之冠”的形象外观，东方红更是体现了炎黄子孙对祖国的热爱。

中华艺术宫拥有 35 个展厅，是集公益性、学术性于一身的近现代艺术博物馆。中华艺术宫以上海国有艺术单位的收藏为基础，常年陈列反映中国近现代美术起源与发展脉络的艺术珍品；联手全国美术界，收藏和展示代表中国艺术创作最高水平的艺术作品；联手世界著名艺术博物馆，合作展示各国近现代艺术精品。目前，中华艺术宫已成为中国近现代经典艺术传播、东西方文化交流展示的中心。同时，馆内还设有艺术剧场、艺术教育长廊等教育传播区域，引进了与馆内整体文化形象相吻合的餐饮、图书、艺术品等配套衍生服务，积极打造“艺术服务综合体”的文化服务概念。

美食推荐：

中华艺术宫对面的“世博源”是由 2010 上海世博会世博轴改建而成的超广域型综合购物中心，其中有许多餐饮店铺，咖啡、快餐。中餐、西餐应有尽有，选择非常多。

周边景点：

月亮船为原 2010 上海世博会沙特国家馆，置身于月亮船内 1600 平方米的巨幕影院中，你好像在飞越沙特阿拉伯，尽赏沙特的辉煌之美，亲眼目睹它的自然风光，感受悠远的文化魅力。

5. 中国共产党诞生地：一大会址

这里可以看到邹容的水晶印章、黄兴用过的军刀、李大钊生前使用的英文打字机；还可以瞻仰一大代表的照片，生平和根据原景复制的栩栩如生的蜡像。

关键词：历史、人文

地址：上海市黄浦区黄陂南路374号

推荐理由：

中国共产党第一次全国代表大会会址，简称中共一大会址，是中国共产党的诞生地。会址沿街并排两幢两层砖木结构建筑，坐北朝南。一大会址是上海典型石库门式样建筑，外墙青红砖交错，镶嵌白色粉线，门楣有矾红色雕花，黑漆大门上配铜环，门框围以米黄色石条。

一大会址会议室约18平方米，雪白的墙壁、朱红的地板，窗明几净。中间放置着一张铺着白色台布的长方形会议桌，桌上放着茶杯与火柴盒架，桌周围有12只圆木凳，东、西两侧靠墙各摆着一只茶几和两把椅子，整个会场十分庄严。

馆内文物非常丰富。这里可以了解到上海租界的历史，看到当时统治者的皮垫座椅、巡捕用的三种警棍、外国银行发行的钱币、普通百姓的破旧衣衫等；也可以看到邹容的水晶印章、黄兴用过的军刀、李大钊生前使用的英文打字机；还可以瞻仰一大代表的照片、生平与根据原景复制的栩栩如生的蜡像。

美食推荐：

一大会址毗邻新天地，这里热闹非凡，游客云集。新天地中的各国美食能满足不同游客的需求。

周边景点：

由一大会址步行即可抵达新天地，这是一个具有上海历史文化风貌、中西融合的都市旅游景点，它以上海近代建筑的标志——石库门建筑旧区为基础，成为集餐饮、购物、演艺等功能的时尚、休闲文化娱乐中心。

6. 自然与文化之美：佘山国家森林公园

佘山是上海本土文化发源地之一，虽然海拔不过100米，却蕴藏着纯真的自然风貌与深厚的文化底蕴。山上的佘山圣母大殿、佘山天文台以及拥有百年历史的地震台，都值得慢慢游览品味。

关键词：自然风光、人文

地址：上海市松江区佘山塔弄口外青松公路

推荐理由：

佘山附近有上海最热闹的主题乐园，然而单去游览佘山本身的却不多，一般是上海本地人。佘山是上海本土文化发源地之一，虽然海拔不过100米，却蕴藏着纯真的自然风貌与文化底蕴。山上的佘山圣母大殿、佘山天文台以及拥有百年历史的地震台，都值得慢慢游览品味。

健身者一般从东佘山开始登顶，可沿乾隆皇帝走过的“骑龙堰”上行，一路拾翠。游览者则可从西佘山一路赏玩，欣赏圣母大殿、天文台等人文景点。圣母大殿被称为“远东第一天主教堂”，融希腊、罗马、哥特式建筑艺术于一体，中西合璧，是著名的天主教朝圣地。

建立于1900年的佘山天文台现为天文博物馆，馆内二楼珍藏有1900年购于法国巴黎的天文望远镜。此地也是上海最好的天文观测地点，中秋时节在山间静赏明月，没有周边灯光干扰，月光洒满大地，更觉静谧浪漫。

美食推荐：

餐饮预算足够的话，五星级世茂佘山艾美酒店丰盛的自助大餐值得推荐，在佘山和月湖的包围下能够享受各种海鲜、烧烤、比萨、中式料理和甜点等美味。

周边景点：

佘山脚下的上海欢乐谷拥有100多项老少皆宜、丰富多彩的游玩项目，妙趣横生，惊险刺激；辰山植物园内百花盛开，争奇斗艳，不同季节有着不同的景致。

7. 千年江南桥乡：金泽古镇

金泽建镇千年，是一个典型的鱼米水乡。这里是江南的“桥乡”，古镇桥梁不仅数量多，而且大多历史悠久。

关键词：水乡、古桥

地址：上海市青浦区西部

推荐理由：

上海古镇不多，朱家角、枫泾、七宝等已经名声大噪，人满为患，而少为人知的金泽古镇正是个避开喧嚣的好去处。金泽建镇千年，是一个典型的鱼米水乡。这里是江南的“桥乡”，古镇桥梁不仅数量多，而且大多历史悠久，下塘街一带有一段河道上并列五座古桥，跨越了宋、元、明、清四个朝代，有“四朝古桥一线牵”的说法。建于宋朝咸淳三年的普济桥是上海地区最古老的石拱桥，普济桥桥头的颐浩禅寺留有元代书画家赵孟頫的手迹。

美食推荐：

金泽位于淀山湖畔，盛产鱼、鳗、虾、鳖、蟹、鳝等多种湖鲜水产。镇上以家常菜馆为主，湖鲜肉嫩味美。金泽特产赵家豆腐干肉质细腻，咀嚼有味，远近闻名。

周边景点：

淀山湖是上海最大的天然淡水湖泊，面积62平方公里，是上海的母亲河——黄浦江的源头之一。环湖散落着享誉盛名的朱家角古镇、上海大观园、东方绿舟、上海太阳岛、陈云纪念馆等景点。

8. 江南明珠：朱家角古镇

古镇内现有36座古桥，古朴典雅，九条长街临水而建，民居宅地依水而建，一式明清建筑，古风犹存。

关键词：古镇、历史、人文

地址：上海市青浦区朱家角北大街

推荐理由：

朱家角古镇位于上海市青浦区中南部，紧靠淀山湖风景区。镇内小桥流水，古意盎然。朱家角历史悠久，旅游资源丰富，素有“江南明珠”之称。

古镇内现有36座古桥，古朴典雅，9条长街临水而建，民居宅地依水而建，一式明清建筑，古风犹存。尤其是横跨于漕港上的明代建筑五孔石拱“放生桥”，建于明万历年间，造型优美，是上海地区最古老的石拱桥之一，也是朱家角十景之首。朱家角西北有马氏课植园，亭台楼阁，风格各异，布局稀疏得体，其中有望月楼、五角亭、逍遥楼、宴会厅、打唱台、书城、书画廊等建筑。古镇中还有城隍庙、珠溪园等多处景点。

美食推荐：

古镇街边的特色小吃店非常多，粽子、扎肉、熏青豆、豆腐干、扎蹄髈、状元糕、糖藕等，都值得品尝。

周边景点：

朱家角古镇毗邻淀山湖风景区，淀山湖是上海最大的天然淡水湖泊，面积62平方公里，是上海的母亲河——黄浦江的源头之一，风景优美，水质清澈。

9. 新沪上八景“淀湖环秀”：淀山湖沿线

淀山湖是上海地区最大的淡水湖，湖水面积62平方公里，为杭州西湖的12倍。淀山湖又是风光旖旎的旅游胜地，保存和修建了一大批文物胜迹，淀山湖游览区湖光山色，环境幽雅。

关键词：休闲、度假

地址：上海市青浦区

推荐理由：

淀山湖是上海地区最大的淡水湖，湖水面积62平方公里，为杭州西湖的12倍左右。淀山湖又是风光旖旎的旅游胜地，保存和修建了一大批文物胜迹，辟有淀山湖游览区，区内湖光山色，环境幽雅，面积约1600亩。中间横贯青商公路，将游览区分隔成东、西两部分。东半部是自然景点，还有一条380多米长的人工堤“柳堤春晓”。行走在堤上，能将淀山湖全景尽收眼底。西半部是一条名为“石城古风”的仿古街道，是为游客提供服务的中心区。“石城古风”内坐落有高达47米的七层仿古宝塔一座。此塔既是宝塔，亦是水塔，第六层是储水箱。

美食推荐：

淀山湖出产的蟹个头十足、肉质鲜美，金秋时节前往，可以品尝一下当地的蟹宴。菜品中有不少蟹粉系列，如蟹粉烩四宝、鲜虾炒蟹粉、蟹粉烩鱼肚等，值得一尝。湖畔还有很多农家乐，淀山湖的湖鲜以及农家菜肴，都值得推荐。

周边景点：

东方绿舟、大观园、太阳岛度假区、朱家角古镇等地都是好去处，此外，逛逛青浦老街，品味那里有滋有味的古镇风情，再品尝一下古镇美食，一定令人流连忘返。

10. 骑行者天堂：太浦河拦路港河堤公路

太浦河畔的林荫大道，是骑行者的天堂。穿梭其间倍感静谧和酣畅，上海的骑行客们将此称为上海最佳的骑游道路。

关键词：自然风光、骑游

地址：上海市青浦区

推荐理由：

太浦河是太湖流域的重要河流，也是上海市西南部的大河，沟通太湖和黄浦江，并在天然湖荡的基础上人工开挖而成。

太浦河沿线地形平坦，河畔风光秀丽、河水清澈，植被丰富，树木连绵成片。沿岸区域内居民点不多，更无工厂，江南乡村风情极其浓郁。河堤公路绵蜒数十公里是由防汛堤构成，由于禁行大型车辆，公路上幽静清洁，地势宽敞处，还建有湿地公园，尽显江南韵味。太浦河畔的林荫大道，是骑行者的天堂。骑上单车，穿梭其间倍感静谧和酣畅，上海的骑行客们将此称为上海最佳的骑游道路。

美食推荐：

赵家香干是青浦金泽的一大特产。相传清朝末年，一赵姓人家精制豆腐干，美味可口，于是声名远播。如今，赵家香干已经成为中华老字号企业，其肉质紧密细腻，咬口柔韧相兼，回味鲜香长久。

周边景点：

青浦大观园位于青浦区淀山湖景区，园区仿《红楼梦》中大观园的景物建造，主要景点有省亲别墅、潇湘馆、怡红院、蘅芜院、梨香院、稻香村、大观楼、秋爽斋、紫菱洲、蓼凤轩等。

11. 千年古镇好风情：七宝老街

七宝老街是集“休闲、旅游、购物”为一体的繁华街市。街上的蟋蟀馆、老行当，再现的是昔日上海的民俗风情，老饭店、天香楼推出的菜肴，颇具上海风情。

关键词：古镇、民俗、美食

地址：上海市闵行区七宝镇富强街

推荐理由：

七宝是个有着千年历史的古镇。“七宝”镇名的来历，与陆宝庵有关。陆宝庵原名福寿庵，为三国时东吴大将陆逊后裔陆机、陆云的家祠，原在靠近吴淞江的机山脚下，后因水患而三移祠址，最后移至七宝，大约是在宋初。

闲适的弄巷、各地的美味小吃、老茶馆、庙宇，七宝老街就像江南的“成都”。蟋蟀馆、老行当再现的是昔日上海的民俗风情；老饭店、天香楼推出的是颇具代表性的上海菜；七宝戏园展演的是沪上一些主要地方戏曲；微雕馆、书翰馆表现的是中国民间艺术与海派文化的和谐结合；张充仁纪念馆的西洋雕塑艺术更是诠释了海派精神对于外来文化介入时的宽容和理智。酒肆、茶馆内都是老式的八仙桌、长条凳、长嘴铜壶、方头竹筷。

美食推荐：

七宝老街美食云集。枣泥汤团是当地的特色；卤味鸭颈、鸭膀、鸭肫、各种豆制品等咕嘟咕嘟地在大锅小锅里煮过，特别入味；田螺塞肉和蛤蜊塞肉也同样诱人。

周边景点：

从七宝老街坐地铁9号线可至上海徐家汇，“徐汇源”地区留有大量当代名人故居和洋房别墅。周围的武康路、衡山路等十多条老马路，梧桐覆盖、风姿绰约，非常值得逛逛。

12. 唯美明清建筑：召稼楼

召稼楼不仅有荷花墙、骑马墙、青砖黛瓦等充满明清文化韵味的建筑，也有着江南水乡小桥、流水、人家所共有的风貌特征。

关键词：古镇、美食

地址：上海市闵行区浦江镇革新村

推荐理由：

位于上海市闵行区浦江镇的召稼楼古镇，源起于元朝初期，横跨元明清三个朝代，现面积达 150 亩之广，散落着不少清代建筑，目前规模较大、保存较完整的有"礼耕堂"、"梅园"等。

"礼耕堂"灰瓦墙门里庭院深深，12 道墙门一道叠着一道，确有几分深宅大院的气派。堂内有五进大院，厅堂楼宇共计 138 间。骑马墙、荷花墙、白墙黑瓦等古代上海地区主要的房屋形态在此一览无余。"梅园"占地 3000 多平方米，有房间 99 间，由于居住人群相对较少，整体建筑格局相对完整，但随着年代久远，不少房屋已不适于居住。

美食推荐：

召楼羊肉鲜美爽口，不膻不腻，是佐酒佳肴。召楼拆蹄色泽红亮，甜而不腻，肉质细嫩，酥烂浓香，鲜美可口。召楼羊肉、召楼拆蹄与已失传的召楼大曲，并称为"召楼三宝"。

周边景点：

浦江镇附近方圆生态农业园占地总面积 455 亩，内有竹林，并种有红心火龙果、草莓、桃、梨、枣等果树。整个园区具有典型的江南农耕风情，且又不乏都市现代农业的气息，是休闲和踏青的好去处。

13. 竹刻之乡：嘉定竹刻博物馆

馆内采用“全息成像”的新技术，以漂浮在空中、全方位立体映像繁荣展示手法等，诠释了嘉定竹刻精品的三维效果。

关键词：博物馆、人文

地址：上海市嘉定区南大街321号

推荐理由：

以刀代笔，以书法刻竹，是嘉定竹刻的主要特点和传统技艺。嘉定竹刻艺人将书、画、诗、文、印诸种艺术融为一体，赋予竹以新的生命，使竹刻作品获得了书卷之气和金石品位，风雅绝俗，成为历代文人士大夫的雅玩。

竹刻博物馆位于嘉定州桥老街，展厅面积约500余平方米，120件展品分别来自上海博物馆、嘉定博物馆和个人收藏，除了少量明代作品外，大多是清代艺术精品。馆内采用“全息成像”的新技术，以漂浮在空中、全方位立体映像繁荣展示手法等，诠释了嘉定竹刻精品的三维效果，并首创花泥调控适度方法，以保障文物的展出安全。2006年5月，嘉定竹刻被列入首批国家级非物质文化遗产名录。

美食推荐：

嘉定美食众多，南翔小笼包是最出名的，皮薄馅多，一咬一口汤。嘉定马陆的葡萄个大、味甜，丰收季节可以去农家乐采摘。

周边景点：

秋霞圃是上海五大园林之一，布局精致、环境幽雅，小巧玲珑。其建筑风格小中见大、曲折有致，吸引着广大游客。汇龙潭于明代万历十六年（1588年）所建，自北向南有五条河流汇集而成，应奎山坐落潭中，绿水怀抱，宛如一颗明珠，自古有五龙抢珠之称，汇龙潭因此而得名。

14. 规模堪称“吴中第一”的孔庙：嘉定孔庙

嘉定孔庙现为嘉定博物馆所在地，其中陈列着许多科举文物。孔庙大门“棂星门”前有仰高、育才、兴贤三座牌坊，坊前石栏望柱头雕有 72 只石狮，刻工精巧，狮姿各异。

关键词：人文、历史、古建筑

地址：上海市嘉定区南大街 183 号

推荐理由：

嘉定孔庙坐落在城中法华塔南首，始建于宋嘉定十二年（公元 1219 年）。“规制崇宏，甲于他邑。”解放前，孔庙备受战祸之害；新中国成立后，上海市文管会两次拨款对其进行修葺。现存建筑虽仅保留了原来的六七成，仍不失为目前国内比较完整的孔庙之一，有“吴中第一”之称。

嘉定孔庙现为嘉定博物馆所在地，其中陈列了许多科举文物。孔庙大门“棂星门”前有仰高、育才、兴贤三座牌坊，坊前石栏望柱头雕有 72 只石狮，刻工精巧，狮姿各异。庙内主要建筑大成殿，原建于南宋咸淳元年，元至顺元年重建，宏伟壮丽，殿前有六百多年前所植古柏。庙内还保存有从唐至清五个朝代的书法碑刻，其中当湖书院旁边碑廊中黄庭坚、沈周、文徵明、董萁昌等人的墨迹诗文石刻尤为珍贵。

美食推荐：

南翔小笼包为嘉定的一大特色。南翔小笼的馅是用夹心腿肉做成肉酱，仅撒少许姜末和肉皮冻、盐、酱油等调制而成；皮是用不发酵的精面粉制作而成。南翔小笼以皮薄、肉嫩、汁多、味鲜、形美著称。

周边景点：

嘉定州桥景区是国家 AAAA 级景区，景区内的法华塔、秋霞圃、汇龙潭等都是当地经典的古迹，透露着浓郁的历史人文气息。

15. 上海第一古树：古银杏树公园

园内有树龄为1200多年、编号为上海“0001”的古银杏树王，又称“上海第一古树”。

关键词：古树、历史

地址：上海市嘉定区安亭镇安晓路

推荐理由：

古银杏树公园占地约10亩，整体布局具有江南园林特色。园内有树龄为1200多年、编号为上海“0001”的古银杏树王，又称“上海第一古树”。古银杏树公园因古银杏树而建，也因古树而闻名。它所传递的吉祥、健康、长寿的气息给喧嚣尘世中的人们带去心灵的慰藉和美好的祝愿。深秋时节前往古银杏树公园，可以看到满树的金黄。

美食推荐：

嘉定的羊肉非常出名，嘉定江桥有“湖羊之乡”的美称。羊肉的特点是形好、色美、肉嫩、味鲜、食糯、无油腻味、无羊膻味，秋冬季节品尝，非常暖胃。

周边景点：

上海国际赛车场位于嘉定安亭镇东北角，车场赛道总长7公里，由一级方程式赛道和其他类型赛道组成。一级方程式赛道整体造型犹如一个翩翩起舞的“上”字。它是利于大马力引擎发挥的高速赛道，具有挑战性，能充分体现车手的技术。

16. 沧海桑田展示区：崇明西沙湿地公园

这里是崇明岛国家地质公园的核心组成部分、也是上海目前唯一具有自然潮汐现象和成片滩涂林地的自然湿地。

关键词：自然风光

地址：上海市崇明县堡湖路

推荐理由：

崇明西沙湿地公园位于崇明岛西南端，总面积 4500 亩。它是崇明岛国家地质公园的核心组成部分、崇明岛国家地质公园纪念碑所在地，也是上海目前唯一具有自然潮汐现象和成片滩涂林地的自然湿地。

西沙湿地的地质遗迹和景观主要有“河口潮滩地貌地质遗迹”“湿地地貌地质遗迹”及湿地植被、鸟类、底栖动物等。园内主要保存着两大类 17 种典型的地质遗迹，展示着世界第一大河口冲积岛沧海桑田的地质景观及人与自然和谐相处的生态文明。西沙滩涂湿地和植物资源地吸引了大量的鸟类，使其成为许多候鸟重要的越冬栖息地。最为常见的有大白鹭、绿头鸭、震旦雅雀等。

美食推荐：

崇明老毛蟹独具风味，个小壳薄，肉质细密而有香味，雌性蟹黄足，雄性蟹脂多，鲜美异常。秋冬前往崇明旅游，一定要去饱饱口福。白山羊也是崇明特产，冬天来一份当地农家用灶头柴火烧的大盆酥软浓香的红焖羊肉，一定会畅快淋漓。

周边景点：

东平国家森林公园位于崇明岛中北部，是目前华东地区已形成的最大的平原人工森林。园内森林繁茂，以“幽、静、秀、野”为特色，植物资源丰富，现有乔灌木、藤本类、水生植物、陆上野生植物近千种，是人们“回归大自然”的最佳胜地。

17. 上海最后的阡陌田园：横沙岛

跟着村民一起挑野菜、掰玉米、砍甜芦粟，还可以去采摘园自己动手采摘新鲜的水果，或是去垂钓区钓小鱼钓龙虾等。

关键词：海岛、休闲度假

地址：上海市崇明县

推荐理由：

横沙岛是崇明县三座岛屿中最小的一座，必须坐船才能前往，因而保留了上海最原始也是最后的阡陌田园。横沙岛上田园景色美丽，碧绿的农田、果园、翠竹环绕着红瓦白墙的村舍，成群的鸭子在池塘里悠闲地浮游嬉戏，水牛拉着大车在路边漫步，远处的水村鱼市飘出一缕缕炊烟。来到横沙岛，犹如走进一幅笔墨秀润、清淡雅致的国画之中。

横沙岛上最具特色的体验莫过于"农家乐"。跟着村民一起挑野菜、掰玉米、砍甜芦粟，还可以去采摘园自己动手采摘新鲜的水果，或是去垂钓区钓小鱼钓龙虾等，远离都市喧嚣，享受田园野趣。

美食推荐：

横沙岛特色菜肴有长江名产刀鱼、凤尾鱼、中华绒螯蟹、白山羊、红鼻子鸭、糯田螺、散养土鸡，以及白扁豆、香芋艿、野茭白等环保绿色素菜。

周边景点：

穿越长江隧桥，一水之隔的崇明岛上的东平森林公园是一个天然的大氧吧。崇明东滩湿地则是观鸟的好去处，秋冬季节湿地迎来大量候鸟来此育肥过冬，不时可见白鹭等美丽的鸟儿飞过。

18. 盐民旧居：新场古镇

新场古镇是过去盐民用海水晒盐的场所。后来海滩慢慢长出去了，这个盐场也逐渐成了盐民居住和交换商品的地方。

关键词：古镇、人文

地址：上海市浦东新区新场镇海泉街 128 号

推荐理由：

新场古镇旧称“石笋里”，素有“小小新场赛苏州”之美誉。新场古镇原为下沙盐场的南场，是当时盐民用海水晒盐的场所。后来海滩慢慢长出去了，这个盐场也逐渐成了盐民居住和交换商品的地方。在新场成镇之时，正值下沙盐场鼎盛时期，盐产量和盐灶之多，胜过浙西诸盐场。

新场古镇现保存有 15 万平方米的成片古建筑，1200 米长的元、明、清时代的石驳岸，以及 69 座古代仪门。建于清宣统年间的张氏宅第，四进式院落，吊角飞檐，雕梁画栋，极为精致典雅。新场大街南北长达 1.5 公里，巷道与建筑两侧早已斑驳的山墙形成“高山空巷”的意境。洪桥港、包桥港、后市河和东横港四条河道两横两纵，把古镇划分为“井”字形格局的历史原貌，河道上各式水桥河埠 70 余座，其中留存下来的马鞍水桥 15 座，多处水桥上还凿有精美的“暗八仙”图案，寓意吉祥。

美食推荐：

新场古镇有许多老字号和小吃店，臭豆腐、香瓜塌饼、海棠糕、阿婆肉粽、老八样、新场烧卖等等，可以一路走一路吃。其中，蒋三臭豆腐、玉记海棠糕、绿豆酥等最为有名。

周边景点：

上海野生动物园内汇集了世界各地具有代表性的动物和珍稀动物 200 余种，数量上万，其中更包括来自国外的长颈鹿、斑马、羚羊、白犀牛等，以及中国一级保护动物大熊猫、金丝猴、金毛羚牛等。园内分车入和步入两大参观区。

19. 仰望最美星空：南汇嘴观海公园

南汇嘴观海公园拥有无敌海景，这里的一片汪洋，能让你忘却烦恼，找到内心的安宁。同时，这里也能仰望到最美的星空。

关键词：自然风光

地址：上海市浦东新区临港新城滴水湖东首

推荐理由：

南汇嘴观海公园位于浦东新区南汇新城，上海陆缘最东南，占地1.82公顷。整个公园的标志性雕塑是由不锈钢管构成的双层网架结构、总用钢量约120吨的“司南”（指南针），寓意改革、开放、交流和中华民族为人类航海事业发展所做的伟大贡献。

“司南”雕塑的南侧是“世界方位经纬纪念广场”，其中心为“南汇嘴坐标点标识”，与“司南”主雕相呼应；广场四周是城市坐标，其上刻有世界十大港口城市的方位和经纬度。连接纪念广场的是以“开拓”为主题的景观地坪，布置为几何状的植物地坪，体现出秩序与理性、科学的精神。南汇嘴观海公园拥有无敌海景，这里的一片汪洋，能让你忘却烦恼，找到内心的安宁。同时，这里也能仰望到最美的星空。

美食推荐：

南汇水蜜桃的特点是：果形圆整，个体大，色泽美观，皮薄肉厚，果肉致密，纤维少，香味浓，汁多味甜。

周边景点：

上海滨海森林公园坐落于南汇区东面临海处。公园设有高尔夫练习场、森林浴场、游船、自行车闲游、水上步行球、水上自行车、休闲垂钓、风味烧烤等游乐项目。

20. 文化与野草之美：世博后滩湿地公园

整个公园的植被选用适应于江滩的乡土物种，芦笛翻飞，乌桕成林，更有群鱼游憩，白鹭照水，一派生机勃勃，实现了“滩”的回归。

关键词：自然风光

地址：上海市浦东新区世博大道 2200 号

推荐理由：

世博后滩湿地公园为上海世博园的核心绿地景观之一。设计者倡导足下文化与野草之美的环境伦理与新美学思想，用当代景观设计手法，显现了场地的四层历史与文明属性：黄浦江滩的回归，农业文明的回味，工业文明的记忆和后工业生态文明的展望。

公园保留并改善了场地中黄浦江边原有的四公顷江滩湿地，在此基础上对原沿江水泥护岸和码头进行生态化改造，恢复自然植被。同时，整个公园的植被选用适应于江滩的乡土物种，芦笛翻飞，乌桕成林，更有群鱼游憩，白鹭照水，一派生机勃勃，实现了“滩”的回归。

美食推荐：

离后滩公园不远的昌里路有着著名的夜市文化，那里是美食一条街。烤猪手、热干面、海鲜烧烤、各式冷面、虾肉大馄饨、袁阿姨卤肉卷等，都是昌里路上非常火爆的小吃。

周边景点：

中华艺术宫由 2010 上海世博会中国国家馆改建而成。中华艺术宫以近现代艺术为侧重，履行收藏保管、陈列展示、学术研究、普及教育、对外交流的基本职能，是对公众免费开放的公益性艺术博物馆。

21. 海上列岛：洋山深水港

洋山深水港区由大、小洋山等数十个岛屿组成，是中国首个在微小岛建设的港口。当你驾车驶上长达 32 公里的东海大桥时，一定会为此惊叹。

关键词：海岛、自然风光

地址：上海市浦东新区芦潮港东南 30 公里处崎岖列岛

推荐理由：

洋山深水港区由大、小洋山等数十个岛屿组成，是中国首个在微小岛建设的港口。当你驾车驶上长达 32 公里的东海大桥时，一定会为此惊叹。

夜晚，也许是去看洋山港最好的时间。跨过东海大桥，远处各列岛的星星灯火，洋山港静默着，白天巨大的吞吐，此刻都已归于静谧之中。大洋山是崎岖列岛中面积最大的，但只需一个小时就能逛完。大洋山上还有一座小小的土丘，可以通过窄小的石梯，到达坡顶。看星星、看海、看港口停泊着的大轮船，密密麻麻的就像童话故事里的某个场景。白天的洋山港又是另一番场景，远眺忙碌的港口，感受祖国建设的腾飞之感。

美食推荐：

洋山深水港的海鲜众多，且十分新鲜，石斑鱼、墨鱼、带鱼、新风鳗鲞、梭子蟹等都值得一尝。

周边景点：

洋山港周边的嵊泗列岛风景如画，风景区以“碧海奇石，金沙渔火”为主要景观特色，有泗礁、花绿、嵊山、洋山四个景区，融海洋文化与海岛民俗风情为一体。

22. 百年名人路：武康路历史风貌区

梧桐婆娑的武康路上，有约30处名人旧居。沿线西班牙式、法国文艺复兴式等风格的建筑极富特色，是上海中心城区最具欧陆风情的街区之一，被誉为“浓缩了上海近代百年历史”的“名人路”。

关键词：历史、人文

地址：上海市徐汇区武康路

推荐理由：

武康路原名福开森路，以美国传教士约翰·福开森的名字命名，由上海法租界公董局修筑于1907年。如今，武康路被誉为“浓缩了上海近代百年历史”的“名人路”。

武康路长1183米，沿途可见晚清重臣李鸿章的丁香花园、宋庆龄故居。梧桐婆娑的武康路上，有约30处名人旧居。沿线西班牙式、法国文艺复兴式等风格的建筑极富特色，是上海中心城区最具欧陆风情的街区之一。武康路40弄67、99号原是洋人大班住宅；390号原是意大利总领事官邸，当年大批有志报国青年通过这里留学国外。解放以后此处成为全球500强企业上海汽车集团所在地，从这里诞生了中国第一辆桑塔纳轿车；393号是民国革命先驱黄兴的故居；而位于武康路与湖南路口的湖南别墅原先为周佛海私宅，解放后陈毅、邓小平曾在这里暂住，贺子珍则在此隐居了20多年；荣获2009年诺贝尔物理学奖的华裔科学家高锟曾就读于位于武康路的世界学校；113号是一代文学巨匠巴金的故居，巴金在这里完成了被海内外文学界、思想界称之为“一部说真话的大书”的《随想录》。

美食推荐：

武康路上梧桐树影婆娑，风姿绰约。这条路周边有许多别致而富有风情的咖啡馆，还有很多非常正宗的西餐厅，这里聚集着许多外国游客或者居住在上海的外国人，因而，可以吃到各国美味。

周边景点：

巴金故居是巴金先生在上海的住宅，这是他在上海定居住得最长久的地方。在这幢花园洋房里，交织着巴金后半生的悲欢。在这里，他写成了《随想录》以及《团圆》、《创作回忆录》、《往事与随想》等散文、小说和译作。

23. 大师的艺术珍品：刘海粟美术馆

刘海粟美术馆的收藏以刘海粟先生所捐献的艺术作品为主，包括刘海粟先生收藏的历代名家字画和他一生最有代表性的油画、国画和书法精品。

关键词：美术馆、艺术、人文

地址：上海市长宁区虹桥路1660号

推荐理由：

刘海粟美术馆是以中国新美术运动的奠基人之一刘海粟先生之名命名的，环境优美，交通便利。它集美术馆、小型博物馆和个人纪念馆于一体，同时向公众进行美术教育，组织学术研究，开展国际、国内的文化交流。

刘海粟美术馆的收藏以刘海粟先生所捐献的艺术作品为主，包括刘海粟先生所收藏的历代名家字画和他一生最有代表性的油画、国画和书法精品。古代藏画中不乏稀世珍宝，如金代李早的《回部会盟图卷》、仇英的《秋原猎奇图轴》、八大山人的《孔雀图轴》、石涛的《黄山图轴》以及董其昌和沈周的册页精品等。刘海粟先生的代表作有国画《黄山一线天奇观》、油画《巴黎圣母院夕照》《太湖工人疗养院之雪》等。美术馆也有计划地收藏了许多现当代艺术家的优秀作品。

美食推荐：

刘海粟美术馆毗邻热闹的仙霞地区，周边美食餐馆众多，其中，中式、日式和韩国料理较为集中，且口味地道正宗。

周边景点：

宋庆龄墓园位于上海市虹桥路万国公墓宋氏墓地。整个墓地松柏密植，显得庄严肃穆。墓地中央竖立着一块花岗岩大墓碑，是宋庆龄父母之墓。墓前的广场上立有宋庆龄汉白玉雕像。

24. 黄浦江上的小岛：复兴岛公园

复兴岛公园里有幢别墅叫白庐，据记载，蒋介石 1949 年离开大陆前的最后时刻在此住过。

关键词：小岛、自然风光

地址：上海市杨浦区共青路 386 号

推荐理由：

复兴岛位于上海杨浦区东南部的黄浦江下游，南起定海路桥，北近虬江口，呈月牙形，长 3.42 公里，中部最宽处 550 米，面积约 1.133 平方公里，是黄浦江内唯一的封闭式内陆岛，拥有得天独厚的自然地理条件。

复兴岛公园是岛上唯一的景点，园里有幢别墅叫白庐，据记载，蒋介石 1949 年离开大陆前的最后时刻在此住过。公园以植物造景为主，四周以棕榈、水杉、珊瑚树等树木作绿篱，另外还植有大量地被植物。园内有香樟、广玉兰、龙柏、黑松、水杉、海桐、桂花、紫藤等花卉。如今公园已打破了原来的格局，大体上可分成大草坪、庭园区、花卉生产区三个部分。

美食推荐：

距离复兴岛不远的上海国际时尚中心附近有一些餐厅。喜欢咖啡的你可以在这里找到星巴克和啡你啡思等。

周边景点：

共青国家森林公园是以森林为主要景观的特色公园，共种植 200 余种树木，总数达 30 多万株。公园分为南北两园，北园着重森林景色，有丘陵湖泊草地，南园则小桥流水一派南国风光。除观景之外，游人也可在园内骑马，烧烤和垂钓。

25. 百年上海露天展览：多伦路历史风貌区

这条街上曾居住过众多的文化名人，鲁迅、茅盾、郭沫若、叶圣陶、柔石、冯雪峰及日本友人内山完造等，都在这条小街上生活居住过。

关键词：历史、人文

地址：上海市虹口区多伦路

推荐理由：

多伦路蜿蜒蛇行，曲径幽静，再现了20世纪二三十年代的沪上人文风情。

多伦路文化街不过550米长，路面用石块铺成，路两边的各式洋楼涂饰一新，门面洞开，皆为雅商，有字画、古董、红木器具店，一路走来，甚是风雅。这条街上曾居住过众多的文化名人，鲁迅、茅盾、郭沫若、叶圣陶、柔石、冯雪峰及日本友人内山完造等，都在这条小街上生活居住过。多伦路可以说是上世纪二三十年代的文化界大本营，这里的中华艺术大学旧址曾经是中国左翼作家联盟成立大会的会场，而夏衍、冯雪峰、瞿秋白、柔石、许幸之、潘汉年、张爱萍都在这条小街上活动过；抗战胜利后，这里还有汤恩伯、孔祥熙和白崇禧的公馆，台湾著名作家白先勇的童年就是在多伦路210号的白公馆里度过的。

美食推荐：

多伦路毗邻繁华的四川北路，这条街上有许多饭店，你可以品尝到地道的上海小吃，也可以吃到各国风味的美食，选择非常多。

周边景点：

鲁迅公园总体上保留了英国风景园的特点，园内有国家级文物保护单位——鲁迅墓、鲁迅纪念馆、震撼近代史的尹奉吉义举纪念地梅园。公园内有山有水有瀑布，山水之间，堤桥相连，景色优美。

26. 保存最好的老戏台：三山会馆

与大殿遥相对应的古戏台两边建有观楼，古戏台建造得非常精致，戏台中央顶上有覆盂形的藻井，全木质结构，四周雕有上海老城墙城门的模型。

关键词：人文、历史

地址：上海市黄浦区中山南路1551号

推荐理由：

三山会馆由福建旅沪水果商人于清宣统元年（1909年）建立，是上海唯一保存完好的晚清会馆建筑。因福州城内有三座山：东南于山、西南乌石山（亦称道山）、北面越王山（亦称闽山），故会馆得名“三山”。

会馆主体建筑占地一千平方米，整幢建筑雕梁画栋、殿宇高大、别致秀丽，富有福建特色。会馆大殿中央原来供奉有一尊湄州天后神女像，所以在入门处“三山会馆”的门额上方刻有“天后宫”的字样和图案。与大殿遥相对应的古戏台两边建有观楼，古戏台建造得非常精致，戏台中央顶上有覆盂形的藻井，全木质结构，四周雕有上海老城墙城门的模型，设计科学，台上演戏时能起到扩大音响的效果。古戏台前的两根青石柱上刻有对联一副：“集古今大观，时事虽异。得管弦乐趣，情文相生。”古戏台的藻井与四周的“鱼尾龙”均为初建时贴的金，至今仍保存完好。

美食推荐：

条头糕是上海的特色小吃，是用糯米粉糅合细沙做成的长条状糕点，口味甜甜的，带着糯米的香味。吃的时候，上面撒上桂花末，更为美味。

周边景点：

上海城隍庙传说是三国时吴主孙皓所建，明永乐年间，改建为城隍庙。现门前存有1535年所建的牌坊，戏台为1865年建。上海城隍庙殿堂建筑属南方大式建筑，红墙泥瓦，现在庙内主体建筑由庙前广场、大殿、元辰殿，财神殿、慈航殿、城隍殿、娘娘殿组成。

LUXUN NATIVE

浙江篇

ZHEJIANG

27."小上海"遂昌：王村口镇

王村口镇是遂昌县重点林区乡镇之一，曾凭着丰富的木材资源，老区人民较早地过上了较为富裕的生活，曾有遂昌的"小上海"之称。

关键词：古镇、人文、历史

地址：浙江省丽水市遂昌县城西南

推荐理由：

王村口镇位于浙江省丽水市遂昌县城西南，九龙山自然保护区的山脚，东接安口乡、石练镇，南接龙洋乡，西与蔡源乡相连，北与焦滩乡相邻，镇人民政府驻地桥东村，距县城50公里。1992年撤区、扩镇、并乡，关川、对正乡并入王村口镇，总面积165平方公里。王村口镇是全县重点林区乡镇之一，过去凭着丰富的木材资源，老区人民较早地过上了较为富裕的生活，曾有遂昌的"小上海"之称。

王村口镇为南方三年游击战争时期中国工农红军挺进师开创的浙西南游击根据地的中心地区之一，有省级文物保护单位月光山、白鹤尖、蔡相庙、天后宫、宏济桥等革命遗址，县级文物保护单位张麒麟烈士纪念碑，国家AAAA级景区——南尖岩风景旅游区等。

美食推荐：

遂昌烤薯外观呈琥珀色，鸡心状，口味甜润。黄米果也是特色小吃之一，黄中透绿，色泽晶莹，清香宜人，柔嫩可口。用肉丝、青菜、冬笋等爆炒，色味更佳。

周边景点：

遂昌县有很多值得一看的景点。南尖岩风景区主要有九大景区三十多处景点。丘陵起伏多姿，田园村落景致宜人；遂昌金矿国家矿山公园既有黄金生产流水线，又有深邃幽长的矿洞，充满了诱惑与神秘。

28. 梯田摄影胜地：大柯村

黄墙黛瓦的民居错落有致地镶嵌于山坡梯田间，形成独特的浙江西南山村景致。这里蔡和文化源远流长，底蕴丰富。

关键词：梯田、自然风光

地址：浙江省丽水市遂昌县

推荐理由：

游大柯农家，赏田园风光，品蔡和文化，拍乡村美景。大柯村位于遂昌县蔡源乡，距县城约 56 公里，毗邻飞石岭景区，紧靠焦滩和王村口红色古镇，海拔 569 米，空气清新，生态完好。黄墙黛瓦的民居错落有致地镶嵌于山坡梯田间，形成独特的浙西南山村景致。这里蔡和文化源远流长，底蕴丰富。步行村中巷道，看梯田错落，纯朴的民风伴着村民和善的笑脸，一番“世外桃源”景致。

美食推荐：

大柯村的农家蔬菜最为新鲜，端上桌的菜，可能几分钟前还长在地里。遂昌的溪鱼最是鲜美，那里有“不吃遂昌鱼头，满身的汗水算白流”的说法。如果碰上山珍野味，那也无需惊讶，遂昌山多地广，自然有城里人意想不到的美食。

周边景点：

大柯村周围景点众多，有国家 AAAA 级旅游景区神龙谷，空气清新，景色宜人；遂昌红星坪温泉度假村，在那里泡泡温泉，能把全身的疲劳都带走，让身心彻底放松。

29. 明代一条街：独山村

独山村有“明代一条街”之称，村中街路贯穿于大宗祠、葆守祠与照墙间。如今，村中仍保留着古色古香的气息。

关键词：古村、人文

位置：浙江省丽水市遂昌县

推荐理由：

独山村位于遂昌县城西南 40 公里处，村外有乌溪江，村西有天马山，因天马山独立于乌溪江东岸而得名。南宋时，尚书左丞叶梦得曾孙叶峦看到此地山奇水秀，风光独好，于是，自松阳县古市卯山迁居于此，此后逐渐形成村落。

独山村的村中街路贯穿于大宗祠、葆守祠与照墙间，如今村中仍保留着古色古香的气息。独山村有“明代一条街”之称，小憩园、育智堂等景点古朴幽雅。独山村还有不少自然景观，如天马山中的小赤壁、栖灵岩、石楼、石户、石天窗、砧云磴、武夷洞、仙梯石、棋盘石、仙人濯足石、青霞岗、钓鱼台等。

美食推荐：

独山村的野菜，新鲜爽口；野山楂酒，颊齿留香；油豆腐、麻糍、青糕、现榨豆浆等农家美味也让人垂涎三尺。

周边景点：

乌溪江蜿蜒盘旋于崇山峻岭之间，山水交融、山清水秀，局部高山还保存了较大面积的原始森林，整个流域可作为旅游景观的有 50 多处，可开辟避暑疗养地的有 10 多处。

30. 两县交界头一村：界首村

界首村历史悠久，文化积淀丰厚，有商周至唐宋时期古文化遗存和古窑址多处。村里建筑都较完整地保留了古村落的历史格局和传统风貌。

关键词：古村、人文、历史

地址：浙江省丽水市松阳县

推荐理由：

界首村位于浙江松阳县与遂昌县交界处，因为是入松阳境内的头一个村，故名界首，又称界头。

界首村历史悠久，文化积淀丰厚，有商周至唐宋时期古文化遗存和古窑址多处。村里的老街、牌坊、石拱门、宗祠、大禹宫、震东学校、古民居群，都较完整地保留了古村落的历史格局和传统风貌。界首村有一条幽静的古街，上通遂昌，下通古市、西屏，是古时的“官道、驿道”，即民间百姓及官府文武仕宦的必经之路。旧时村头溪边建有官办桥渡及驿亭，据村上《张氏宗谱》载：南宋绍兴四年（1135 年），从界首到上坞源只一座简易木桥，名“官亭桥”。清乾隆三十二年（1768 年）改建阔桥，称“观音桥”。

美食推荐：

松阳有许多美食，如松阳八宝菜、黄米粿、松阳煨盐鸡、歇力茶烧猪脚、白片儿土鸡锅、捞汤菜火腼骨、火腿卵鳖、松阳豆腐娘、玉岩洋芋饼、松阳卤笋咸、延寿乌饭等。

周边景点：

法昌寺始建于南北朝大同年间（535-546 年），距今 1470 多年，坐落在松阳县樟溪乡肖周村后山，鼎盛时有僧人数百，香火极盛。罗坑原始瀑布群，由七八个大小瀑布组成，风景优美。

31. 路与桥的传说：大济村

大济村里路路有典故，桥桥有传说，古匾、石碑、墙刻更是随处可见。

关键词：古村、历史

地址：浙江省丽水市庆元县

推荐理由：

大济村位于丽水市庆元县城的南面，距县城 2-3 公里，村东南部群山环抱，西部河谷盘地，有济川溪从村中经过。

大济村里路路有典故，桥桥有传说，古匾、石碑、墙刻更是随处可见。最神秘莫测的当数纵横地下的古地道了，只是，地道下面什么样，藏有什么谁也不知道。如今地道口还保存完好，居于村北的一块露天菜地里，用平砖砌起的拱门，顶端的石匾上雕刻着五龙戏珠的图案。大济村里还完整地保留着明清古民居，如木屋廊桥、金鬶街、古井、卢福神庙、吴氏宗祠等诸多古迹文物。在村口有一座古色古香的木拱廊屋桥，共 5 间廊屋，桥身全部用圆木拱架交叉搭建，没有用一颗钉子，却非常坚固。据村里的老人说，1024 年，该村吴毂兄弟俩同登进士，衣锦还乡后建此廊桥，名为“双桂联坊”。

美食推荐：

庆元县的笋粽风味独特，因制作时使用“笋油”，故称笋粽。乌饭、庆元辣椒糟、清明祭麻糍、鬼馒头、百菇宴等都是当地有名的小吃。

周边景点：

巾子峰森林公园，坐落在庆元县西部，有面积在万亩以上的连片天然阔叶林、黄山松林等森林景观，生态环境清幽，空气清新怡人。

32. 佛教名刹：阿育王寺

阿育王寺是我国现存唯一以阿育王命名的千年古刹。寺内较完整地保存着历代碑碣、石刻以及经藏古籍等文物。

关键词：古刹、历史、人文

地址：浙江省宁波市鄞州区五乡东路 1999 号

推荐理由：

阿育王寺是我国现存唯一以阿育王命名的千年古刹。其地处浙江省宁波市东 20 公里。阿育王寺坐落在鄮山分支育王山之西麓，面朝玉几山，左接育王岭，右是赤莹山峡谷。四周翠岗蜿蜒，群陵起伏，被称为“六殊胜八吉祥地”。早在南宗嘉熙元年（1237 年），宋理宗就把其列为“天下五山之第二”。明洪武十五年（1382 年），被诏定为“天下禅宗五山之第五”。

寺内有舍利塔，专门供奉驰名中外的稀世之宝释迦牟尼真身舍利。舍利塔为四方形铜质宝箧塔，高约 0.4 米，用银丝吊一颗绿豆大小的至宝于小窗孔内，一般秘不示人。

阿育王寺内较完整地保存着历代碑碣、石刻以及经藏古籍等文物。有唐范的“常住田碑”、宋张九成撰书的“妙喜泉铭”，以及元、明、清历代碑额、唐雕四天王右像、唐贯休画十六尊者石刻、宋高宗御书“佛顶光明之塔”、宋孝宗御书“妙胜之御”、清乾隆御笔“觉行俱圆”等许多匾额和十大橱“钦赐龙藏”经卷 7247 卷等珍品。

美食推荐：

宁波小吃久负盛名，著名的宁波猪油汤团软软糯糯，香甜可口，非常受食客欢迎。三北藕丝糖、三北豆酥糖、溪口千层饼、豆沙八宝饭等小吃，也让人垂涎三尺。宁波的甬菜味道独特，冰糖甲鱼、苔菜拖黄鱼、腐皮包黄鱼等都是代表菜肴。

周边景点：

附近值得一看的地方有宁波鄞州百梁桥，这是浙江省仅有的最长石礅木梁古廊桥，气势宏伟，结构完整，历史悠久。中国进士第一村“走马塘”，则有着“四明古郡，文献之邦，有江山之胜，水陆之饶”之美誉。

33. 中国四大水利工程之一：它山堰水利遗址景区

它山堰水利遗址景区是中国古代四大水利工程之一，也是宁波市旅游新十景之一。

关键词：人文、历史

地址：浙江省宁波市鄞州区鄞州镇

推荐理由：

它山堰水利遗址景区位于浙江省宁波市西南，是中国古代甬江支流鄞江上修建的御咸蓄淡引水灌溉枢纽工程，唐代大和七年（公元833年）由县令王元玮创建。它与国内的郑国渠、灵渠、都江堰合称为中国古代四大水利工程，是全国重点文物保护单位。

在唐代之前，鄞江地区每到洪水季节便泛滥成灾，旱季则河溪干涸。它山堰落成后化水害为水利，堰身由巨石条层层堆积，长113.7米，宽4.8米，高约10米。堰身设计方面的不少科学原理，直至20世纪才被破解，堪称水利建筑史上的奇迹。它山庙是为了纪念王元伟的丰功伟绩而建造的，现今增设了“它山堰水利陈列馆”，且在每年农历三月初三和十月初十恢复庙会。该景点已被评为宁波市旅游新十景之一。

美食推荐：

鄞州是中国雪菜之乡，鄞州区种植、腌制雪菜已有1000多年历史。鄞州雪菜色泽黄亮、清香可口，无论炒、煮、炖、蒸、拌或做配料，皆鲜美可口。

周边景点：

五龙潭风景区群山环抱，峰峦挺拔，山奇水秀谷幽、山乡风情浓郁。天童寺则位于宁波市东25公里的太白山麓，是佛教禅宗五大名刹之一，有“东南佛国”的称号。

31. 江南石头村：许家山村

许家山村是宁波市现有建筑群规模最大、保存最完整的石屋古村，也是浙东沿海山地石屋建筑群落的典范。

关键词：古村、人文

地址：浙江省宁波市宁海县茶院乡

推荐理由：

许家山村位于宁波市宁海县茶院乡西南山区，距县城 13.5 公里，至今已有 700 多年历史，这里是宁波市现有建筑群规模最大、保存最完整的石屋古村，也是浙东沿海山地石屋建筑群落的典范。

古井街位于许家山村中心，因街中有一口古井而得名。南北走向，长达 300 米，是许家山繁华地段。作为这样地处高山的村庄，由于有一条象山通宁海的古道从此经过，来往行人需要歇歇脚、喝喝茶，所以自然形成了一条不长的老街。老街上有小店、饭店，以及土酒坊、制面等手工作坊。许家山不仅保存着完整的石屋古村，同时还延续着传统的生活方式，比如牛耕田、制番薯粉、做番薯烧酒、捣年糕、做竹编等。

美食推荐：

许家山村的茶叶、花生、土豆非常有名气，另外还有番薯、芋头、水稻、玉米、高山萝卜等。小溪中有溪鱼、山林中还有野猪、野鸡等，做一桌农家菜十分美味。

周边景点：

前童古镇位于宁海县西南，是一个历史悠久，文化积淀深厚，地理环境独特的江南古镇。村落按“回”字九宫八卦式布局。童姓祖先按照八卦原理，把白溪水引进村庄，潺潺溪水挨户环流。

35. 江南进士第一村：走马塘村

村中明清古建筑众多，民风淳朴，文物古迹众多。历朝历代，这里出过76位进士，被誉为“中国进士第一村”。

关键词：古村、人文、历史

地址：浙江省宁波市鄞州姜山镇

推荐理由：

千年古村走马塘位于宁波市鄞州姜山镇，地处鄞南平原，依傍奉化江支流东江。人称其为“四明古郡，文献之邦，有江山之胜，水陆之饶”。村中明清古建筑众多，民风淳朴，文物古迹众多。历朝历代，这里出过76位进士，被誉为“中国进士第一村”。

村中明代建筑目前保留下来的尚有八处，清代建筑比比皆是，另外三幢民国时期具有西洋风格的建筑也极为典型。古村建筑以飞檐和石窗最富特色。石雕花窗的雕刻艺术令人惊叹，窗上所刻图案有“八仙”中的张果老、蓝采和、吕洞宾，以及“福”、“乾”等文字。古村最精妙的石窗在新祠堂后面的一条小巷中，有“浙南石窗”之称。石窗雕刻细致，并且可以开启自如，和木窗并无两样。走马塘独特的水系，也是一大特色。全村由四条河流环抱，河上有紫来桥、西沈桥、庆丰桥等。东邻漕、邵家漕、蟹肚脐、后王漕、徐家漕散落其间，还有十余个大小参差、形态各异的小池掘于村中。走马塘先民建造的水系能泄能排，形成了完备的河网防务系统，能使村民最大程度地抵御旱涝和火魔的侵袭。

美食推荐：

鄞州美食有鄞州雪菜、邱隘咸菜、红膏炝蟹、火腿萝卜丝饼、楼茂记香干等，农家风味十足。

周边景点：

梁祝文化公园是梁祝故事的发源地。公园以梁祝爱情传说作为故事背景，向人们展示了“东方罗密欧与朱丽叶”绚丽多姿的一面。公园内拥有“草桥结拜”、“三载同窗”、“十八相送”、“楼台相会”、“化蝶永伴”等相关景点。

36. 古韵自然并存：雁村

雁溪清澈无比，可见群鱼自由畅游，而空气中都是淳淳的樟树清香，带着一丝丝甜味。

关键词：古村、人文、历史

地址：浙江省宁波市鄞州塘溪镇

推荐理由：

雁村名字的来由是因为村里有两条小溪包围着一座小山，远看小山似雁头，二溪似雁翅，民居大多密集在这个小山上，因此得名。村前是有名的雁溪，雁溪汇入山下的梅溪水库。

雁村又叫童夏家村，村民大多姓童，其中童村是著名生物学家童第周的老家。雁溪清澈无比，可见群鱼自由畅游，而空气中都是淳淳的樟树清香，带着一丝丝甜味，门前屋后的每一口水井都是甘甜的清泉。夏日里，村中浓荫蔽日，行走在大树的绿荫下分外凉爽，没有一丁点汗意。雁村拥有保存相对完好的明代古山村村落，这种村落区别于其他平原古村落，因其依山而建，青山绿水环绕，既富有古韵，又不乏自然的元素。

美食推荐：

雁村农家菜很是美味，白切土鸡鲜嫩可口，鸡汁可以用来炒年糕，鸡杂可以用来煮土豆。这里还有溪坑鱼，红烧非常味美。雁村自产的野菜很多，香椿、马兰头、蕨菜、野生芹菜、野生葱等，都新鲜好吃。

周边景点：

天童国家森林公园是一个以森林、寺庙、奇石、云雾、溪瀑等构成的风景名胜区。天童寺位于鄞州区太白山麓，以“东南佛国”著称于世，是日本佛教曹洞宗的祖庭。

37. 百年开埠口岸：宁波老外滩

沿着宁波老外滩的江边，外国领事馆、天主教堂、银行、轮船码头一字排开，几乎记录了宁波开埠的整段历史。

关键词：建筑、人文、历史

地址：浙江省宁波市江北区

推荐理由：

宁波老外滩于1844年开埠，地处宁波市中心，位于甬江、奉化江和余姚江的三江口汇流之地，唐宋以来就是最繁华的港口之一，曾是“五口通商”中最早的对外开埠区。宁波老外滩的成型比上海外滩还早20年，是目前国内仅存的具有百年历史的外滩之一。

沿着宁波老外滩的江边，外国领事馆、天主教堂、银行、轮船码头一字排开，几乎记录了宁波开埠的整段历史。这些建筑至少有100多年历史，目前保存下来的文物建筑有：英国领事馆、巡捕房、侵华日军水上司令部、浙江海关、天主教堂、江北耶稣圣教堂、宁波邮政局、通商银行等。还有一些旧时的民房，如“宏昌源号”，商人私宅“严氏山庄”、“朱宅”等建筑，这些建筑具有浓郁的欧陆风格，代表了英、法、德、荷等多国建筑风格，与中国传统民居形成鲜明对比。如今的老外滩骨子里也透出了现代意味，是一个集吃、住、玩、休闲、购物、娱乐为一体的时尚消费中心。

美食推荐：

宁波名菜众多，有腐皮包黄鱼、苔菜小方烤、雪菜炒鲜笋、冰糖甲鱼、锅烧河鳗等，而著名的小吃则有猪油汤团、龙凤金团、水晶油包、豆沙八宝饭、猪油洋酥块等。

周边景点：

庆安会馆即天后宫，位于宁波市区三江口东岸，故名“甬东天后宫”。宁波鼓楼是宁波市唯一仅存的古城楼遗址，也是国家文物重点保护的古建筑之一。

38. 华夏沿海第一湖：东钱湖风景区外围

东钱湖风光旖旎，身临其境，令人心旷神怡。这里地灵人杰，也有悠久的历史、绚丽的文化，是个人文荟萃之地。

关键词：湖泊、休闲、度假

地址：浙江省宁波市鄞州区东钱湖镇

推荐理由：

东钱湖在宁波市东南部，“其湖承钱埭之水”，故得名。东钱湖是浙江最大的淡水湖。全湖由谷子湖、南湖和北湖组成，其东西宽 6.5 公里，南北长 8.5 公里，环湖一周达 45 公里，面积有 20 平方公里，相当于杭州西湖的四倍，可称“华夏沿海第一湖”，郭沫若先生誉其为“西湖风光，太湖气魄”。

东钱湖是上古时期形成的海迹天然潟湖，经历代开浚更具风采。唐天宝年间（744 年）鄮县县令陆南金率众修筑坝堤，这以后，王安石、李夷庚、吕献之等历代地方官除葑清界、增筑设施，使之成为综合利用的水域。东钱湖风光旖旎，身临其境，令人心旷神怡。这里地灵人杰，也有悠久的历史、绚丽的文化，是个人文荟萃之地。东钱湖的免费区域为外围，这里风景优美，在步道上健身，再骑骑自行车，感觉非常好。

食宿推荐：

东钱湖农家乐十大名菜分别是：双虹阁的“糟香白条”、“谷穗鸡”、“一家亲”；绿野谷的“酱汁河虾”、“龙游四海”；家园饭店的“蜜汁蛳螺”、“农家三干”；望湖饭店的“苔菜丁子鱼”；双舟餐厅的“海鲜黄金汤”；勤康饭店的“苔菜鲫鱼干”。

周边景点：

雪窦山有“四明第一山”之誉，是弥勒佛道场。风景区包括溪口镇、雪窦山、亭下湖三部分，有千丈岩、三隐潭瀑布，妙高台、商量岗、林海等景观。雪窦山早在汉代就有“海上蓬莱”之美誉。

39. 新石器时代遗址：河姆渡遗址博物馆

河姆渡遗址是中国东南沿海最早的新石器时代遗址，该遗址具有浓郁的江南水乡地域特色。

关键词：遗址、博物馆、历史

地址：浙江省宁波市余姚市河姆渡镇芦山寺村

推荐理由：

河姆渡遗址是中国东南沿海最早的新石器时代遗址，发现于 1973 年，总面积约 4 万平方米，年代约为公元前 5000—前 3000 年，该遗址具有浓郁的江南水乡地域特色。

河姆渡遗址博物馆占地面积 60 亩，由文物陈列馆和遗址现场展示区两大部分组成。文物陈列馆紧邻遗址西侧，由六幢建筑组成，单体之间用连廊相接。建筑造型根据河姆渡 7000 年前“干栏式”建筑风格，以及“长脊、短檐、高床”的特点而设计，构筑出高于地面的架空层，人字形坡屋面上耸起五至七组交错构件，象征着 7000 年前的榫卯木作技术，再配以土红色波纹陶瓦、炒米黄毛面墙砖，显得古朴、野趣，与河姆渡文化融为一体。序厅屋面形似展翅翱翔的鲲鹏，表现了河姆渡先民爱鸟、崇鸟的文化习俗。

美食推荐：

余姚杨梅颗大、色艳、汁多、味重，自古名噪海内外，其种植历史至少已有 2000 年。据河姆渡遗址考古发现，7000 年前就有野杨梅存在。如果是杨梅丰收的时节，前往品尝定可欣然而归。

周边景点：

“十里烟波九洞天，山藏灵秀水藏仙。”四明湖位于余姚古镇梁弄、四明山第九洞天境内，环湖皆山，七十二峰远近翠黛相间，历代名人高士留下众多轶闻传说。四明湖面积是西湖的两倍，湖上有碑曰“浙东明珠”。

10. 联合国亚太地区遗产保护奖：仓桥直街

仓桥直街主要有河道、民居、石板道路三部分组成，集中反映了绍兴的传统建筑特色与风俗民情。

关键词：古街、民俗

地址：浙江省绍兴市区卧龙山东南麓

推荐理由：

仓桥直街以古城风貌为特色，以传统民居为主要内涵，是集居住、商业、旅游为一体的历史文化街道。老街主要有河道、民居、石板道路三部分组成。中环山河是越王城的重要历史遗迹，位于老街的中心线。北起胜利西路，南达鲁迅西路，全长 2.2 公里，自北向南，依次架有仓桥、龙门桥、宝珠桥、府桥、石门桥、酒务桥、西观桥、凰仪桥等传统古老石板桥。河道两旁的水乡民居大多建于清末民初，其中有各式台门 43 个，集中反映了绍兴的传统建筑特色与民俗风情。街道两旁开设有很多传统商店与餐馆，还有越艺馆、黄酒馆、戏剧馆与书画馆等。仓桥直街已获得了“联合国亚太地区遗产保护奖”。

美食推荐：

来绍兴不可不尝绍兴老酒。绍兴老酒品种颇丰，为中国黄酒之冠，有元红酒、加饭酒、善酿酒、香雪酒、花雕酒等。霉干菜烧肉是绍兴当地最有名的家常菜，酱鸭、酱鹅、酱菜等酱制菜肴也是小有名气。

周边景点：

鲁迅故里是鲁迅先生早年成长、生活的地方，是绍兴市区保存最完好、最具文化内涵和水乡古城经典风貌的历史街区，再现了鲁迅当年生活的故居、祖居、三味书屋、百草园等风貌。

41. 文学巨匠故里：鲁迅故里风景区

鲁迅故里景区是绍兴市区保存最完好、最具文化内涵和水乡古城经典风貌的历史街区，这里是品味鲁迅先生笔下风物，感受鲁迅当年生活情境的真实场所。

关键词：故居、人文

地址：浙江省绍兴市鲁迅中路241号

推荐理由：

鲁迅故里景区是绍兴市区保存最完好、最具文化内涵和水乡古城经典风貌的历史街区。1881年9月25日，鲁迅先生就诞生在这里。

鲁迅故里原汁原味地解读了鲁迅作品，这里是品味鲁迅先生笔下风物，感受鲁迅当年生活情境的真实场所。一条窄窄的青石板路两边，一溜粉墙黛瓦，竹丝台门，鲁迅祖居（周家老台门）、鲁迅故居（周家新台门）、百草园、三味书屋，寿家台门、土谷祠、咸亨酒店等穿插其间。一条小河从鲁迅故居门前流过，乌篷船在河上晃晃悠悠，此情此景，让人想起鲁迅作品中的一些场景。

周家老台门系鲁迅祖辈世居之地，建于清乾隆十九年（1754年），为绍兴目前保存最为完好的台门建筑。整个建筑坐北朝南，由台门斗、大厅、香火堂、后楼共四进组成，东西各有厢楼。鲁迅在绍兴时期，每当节庆或祖先忌日，必去老台门行礼、拜访。

鲁迅故居景区内还设有“三味”早读、老台门迎宾、绍俗婚礼、折子戏、莲花落表演等活动，以重现鲁迅作品的一些场景。

美食推荐：

茴香豆是绍兴最知名的小吃，这得益于鲁迅小说中孔乙己在咸亨酒店柜台前花九个铜钱买了两碗酒和一碟茴香豆，还细究起“茴”字的四种写法。咸亨酒家至今仍在。

周边景点：

沈园又名“沈氏园”，是南宋时一位沈姓富商的私家花园，至今已有800多年的历史。园内亭台楼阁，小桥流水，绿树成荫，景色怡人，是绍兴历代众多古典园林中唯一保存至今的宋式园林。

12. 江南水乡一绝：柯桥古纤道

古纤道自东而西穿越绍兴全境，是古人行舟背纤的通道，又是来往船只躲避风浪的屏障。它卧伏于西兴运河，是萧绍运河上的一大奇观。

关键词：古道、人文

地址：浙江省绍兴市柯桥区小佐路

推荐理由：

柯桥古纤道位于浙东运河绍兴段，它自东而西穿越绍兴全境，是古人行舟背纤的通道，又是来往船只躲避风浪的屏障。它卧伏于西兴运河，是萧绍运河上的一大奇观，堪称江南水乡一绝。

古纤道上，不时会出现一座座横跨运河的石梁桥或石拱桥。但见桥上行人，桥下背纤，舟行画里，人在镜中。多姿多态的数十座石桥，是运河上画龙点睛之处，最著名的有单孔石拱桥、荫毓桥、拱桥与高低石梁相结合的多跨桥梁太平桥等。

古纤道给人以美的享受，它的美表现在整体上，路、桥、水、船浑然一体，是一幅绝妙的风景图画。坐乌篷船徜徉水上，领略水乡秀丽风光，颇有“如在镜中游”之趣。许多艺术家慕名而来，或拍电影、或摄影、或写生、或体验生活。清代齐召南曾作有“白玉长堤路，乌篷小画船”的诗句来形容古纤道的景色。

食宿推荐：

霉干菜是绍兴的著名特产。绍兴梅干菜油光乌黑，香味醇厚，耐贮藏，可分为白菜干、油菜干和芥菜干三种。霉干菜红烧肉，肥而不腻，鲜香可口。

周边景点：

柯岩风景区始于汉代，距今已有1800多年历史，这里以古越文化为内涵，古采石遗景为特色，至清代已形成著名的“柯岩八景”，集中反映了绍兴的石文化、水文化、酒文化、名士文化、宗教文化。

43. 浙中民居风韵：厚吴村

在有着典型浙中民居风韵的厚吴村里游走，近百处祠宇厅堂、庐墅精舍和古屋老宅像蒙土的珍珠散落在巷弄间。

关键词：古村、人文

地址：浙江省金华市永康市前仓镇

推荐理由：

浙江永康前仓镇有个厚吴村，那里的吴姓人家已经在那方水土上绵延生养了780多年。厚吴村有着深厚的文化底蕴，是中国历史文化名村。在有着典型浙中民居风韵的厚吴村里游走，近百处祠宇厅堂、庐墅精舍和古屋老宅像蒙土的珍珠散落在巷弄间，如树玉堂、衍庆堂、聚庆堂、为继堂、存诚堂、兰花居、屏山精舍、吴庭公祠、司马第、澄一公祠、古苏铁、青藤柴门、礼泉井、桂花居、镇南殿、古樟树、千工床等，都值得慢慢品味。

厚吴村坐北朝南，背负锦溪，面临屏山，布局有序。房屋幢与幢相连，门廊相通，走廊呈井字形向东西南北四面八方对称伸展。几百间房连为一片，即使是下雪落雨，邻里街坊们相互走动也无需带伞。幢幢房之间高高的山墙是防火、防盗天然的防范，建筑古朴、大气、精致、实用。

美食推荐：

在永康厚吴村，关于“吴王美食”的故事，可说是家喻户晓。“龟汁香肉煲”是厚吴名菜。另外，厚吴村的猪头肉，红白相间，食之鲜美可口，是下酒的好菜。

周边景点：

位于永康市东部的方岩风景名胜区，距永康城区约20公里，是植根于丹霞地貌的山水奇葩。石鼓寮景区是一个山清水秀、石怪峰奇、极具田园风光的景区，石鼓、石钟、石笋、石桃等如同童话世界。

11. 清末明初江南水乡：梅湾街

整个梅湾街的设计风格是以清末明初江南水乡民居建筑形态为基础，青砖黛瓦、门楼花窗、雕梁画栋。

关键词：古街、人文

地址：浙江省嘉兴市南湖区

推荐理由：

梅湾街是嘉兴市现存地方传统民居较为集中的区域，保存有莎士比亚翻译大家朱生豪故居等大批历史遗存。整个梅湾街的设计风格是以清末民初江南水乡民居建筑形态为主，青砖黛瓦、门楼花窗、雕梁画栋。

梅湾街上景点众多。金九避难处位于梅湾街 76 号，是抗战期间韩国临时政府主席金九先生在嘉兴的避难处。金九避难处原是陈桐生的住宅，东侧与之相连的是陈桐生先生兄长的住宅，现开辟为“金九在嘉兴”的专题陈列室。嘉禾婚俗馆则是展示江南水乡民间婚姻习俗的专题陈列馆。婚俗馆主要分为场景喜堂和婚俗资料馆两部分，其中第一进陈列有花轿和嫁妆；第二进为喜堂，是新人的拜堂之处；第三进为婚俗资料馆专题陈列。二楼为新房，有婚床、书桌、扶琴等。婚俗馆还会举行迎亲、拜堂、进洞房等水乡婚礼表演。

美食推荐：

嘉兴的饮食具有浓厚的江南风味，这里兼有杭帮菜和沪菜的特点，如南湖蟹、五芳斋粽子、文虎酱鸭等。

周边景点：

嘉兴南湖素来以“轻烟拂渚，微风欲来”的迷人景色著称，还因中国共产党第一次全国代表大会在这里胜利闭幕而备受世人瞩目，成为我国近代史上重要的革命纪念地。

45. 世界文化遗产：西湖风景名胜区

杭州西湖新十景中，龙井问茶、九溪烟树、阮墩环碧、宝石流霞等地均免费。这对于大多数游客，还是非常有吸引力的。

关键词：自然风光、休闲度假

地址：浙江省杭州市西湖风景区

推荐理由：

西湖是首批国家重点风景名胜区和中国十大风景名胜之一。它是我国主要的观赏性淡水湖泊之一，也是我国唯一的湖泊类文化遗产。

西湖三面环山，面积约 6.39 平方公里，绕湖一周近 15 公里。湖中被孤山、白堤、苏堤、杨公堤分隔，按面积大小分别为外西湖、西里湖、北里湖、小南湖及岳湖等五片水面，苏堤、白堤越过湖面，小瀛洲、湖心亭、阮公墩三个小岛鼎立于外西湖湖心，夕照山的雷峰塔与宝石山的保俶塔隔湖相映，由此形成了“一山、二塔、三岛、三堤、五湖”的基本格局。

现今的杭州西湖新十景中，已经免费的有龙井问茶、九溪烟树、阮墩环碧、宝石流霞四处。此外西湖边的北山街，几乎每栋建筑都有故事。从断桥往西泠桥方向走，一路上，蒋经国故居、西湖博览会旧址、秋水山庄，承载着不少民国时期的故事。

美食推荐：

西湖周边有许多饭店，著名的老字号有楼外楼、张生记、知味观、红泥等，那里可以尝到正宗的杭帮菜。

周边景点：

西湖边的南山路上景点众多，这里有传说始于汉代的金牛出水池、唐代李泌开凿的引水闸遗址、奉祀吴越三代五王的钱王祠、南宋皇家花园聚景园、明代回族诗人丁鹤年墓石亭、清代八旗子弟骑射练武之地，还有古代城门遗址、民国名人旧居，丰富的历史遗迹与美丽的神话传说，充分体现了这里的历史遗韵。

16. 申屠家族的血缘村落：深澳村

深澳古村凭借其古老的文化、深厚的历史、独特的地理环境以及历史悠久的文物古迹，成为桐庐著名的江南古村。

关键词：古村、人文、历史

地址：浙江省杭州市桐庐县

推荐理由：

深澳村位于浙江桐庐富春江南岸天子岗北麓。古村地处丘陵，南高北低，村前迎璇山，村后拥狮岩，应家溪和洋婆溪东西分流。

深澳古村是申屠家族的血缘村落，凭借其古老的文化、深厚的历史、独特的地理环境以及历史悠久的文物古迹，成为桐庐著名的江南古村。村中有 40 多幢堂楼屋，系明清古建筑。其中九世堂与儒林堂两幢最为古老，州牧第和志承、诒燕两座门楼别具艺术风格。村东有青云桥，地处桐庐至富阳通衢要津，桥名出于明代姚夔《杂咏》中的《青云桥记》。现存石梁平桥建于清光绪年间，村东南有抗日纪念幢，村西南鸡足峰下有天香寺，村西北隅有黄程庙，原为邻近八村土地神社。

美食推荐：

桐庐有十大名菜：桐庐酱肉方、桐江鳜鱼、茶香鸡、子陵问路、南乳羊肉、乡村鸡焐肚、桐江鱼韵、鲜人参酥、龙吞乾坤、八珍老母鸡，都十分美味。

周边景点：

大奇山国家森林公园位于富春江南岸，集江南山水与草原风光于一体。大奇山又称“塞基山”，史称“江南第一名山”，境内有山峦、怪石、峡谷、溪瀑，以雄、险、奇、秀、旷著称。

47. 山间古村落：芹川村

芹川村的民居均为明清时代的徽派古建筑，且基本保存完好，建筑风格较为独特，不仅建筑物内有雕梁画栋，而且还有其他民居少见的水榭、楼阁、戏鱼池等。

关键词：古村，人文、建筑

地址：浙江省杭州市淳安县浪川乡西部

推荐理由：

芹川村地处淳安浪川乡西部，四周青山围绕，芹川溪直贯南北、将全村一分为二。

芹川村地理环境独特，整座村庄镶嵌在狭窄的风山山麓之间，沿弯曲的机耕小道进至村口，方见小桥流水，粉墙黛瓦。芹川村整体坐北朝南，村落呈衣带形，分布在芹川溪两侧，从村口至村尾全长约1000余米。芹川溪两侧的民居有近60栋，大都坐东朝西或坐西朝东，均为明清时代的徽派古建筑，且基本保存完好，建筑风格较为独特，不仅建筑物内有雕梁画栋，而且还有其他民居少见的水榭、楼阁、戏鱼池等。从村落的外形看，口小腹大，是典型的风水宝地。一走进芹川村，就能感受到陶渊明笔下“采菊东篱下，悠然见南山”的意境。

美食推荐：

芹川村麻酥糖制作历史悠久，香甜酥松，芝麻入口即化，糖脆而有嚼头，口感很好。

周边景点：

千岛湖因湖中1078个芊芊翠岛而得名。178亿立方米的水体，是太湖的四倍，杭州西湖的3000倍。千岛湖以千岛、秀水为特色，岛屿与湖水相接处环绕着有一层金黄色的土带，称之名“金腰带”。

18."良渚圣地"核心：良渚文化博物馆

良渚博物院的建筑设计出自英国设计师戴卫·奇普菲尔德之手，外观粗犷、大气，灰白色墙面没有任何装饰，显得简洁而流畅，与周围悠悠小河、青青草坪的美丽洲公园相映成趣。

关键词：博物馆、历史、人文

地址：浙江省杭州市余杭区良渚镇美丽洲路 1 号

推荐理由：

良渚文化是我国长江下游太湖流域一支重要的原始文化。良渚文化博物馆是"良渚圣地"公园的核心部分，由博物馆和周边的主题园林组成。良渚博物院的建筑设计出自英国设计师戴卫·奇普菲尔德之手，外观粗犷、大气，灰白色墙面没有任何装饰，显得简洁而流畅，与周围悠悠小河、青青草坪的美丽洲公园相映成趣。

良渚文化博物馆建筑面积 2000 平方米，博物馆主楼建筑分上下两层，屋顶顶角以良渚文化典型玉器——玉琮为造型。博物馆内展出良渚文化器物 400 余件（组）。第一厅全面介绍良渚文化时期的生态环境及社会经济、生活情况；第二厅展出该地出土的各种精巧玉器、丰富的黑陶与石器；第三厅展示了一座该时期的"玉敛葬"大墓。良渚文化遗址发现于 1936 年，是新石器时代晚期人类聚居的地方。遗址广泛分布于钱塘江以北、远至江苏南部一带，而以钱嘉湖平原较为密集。

美食推荐：

余杭的美食有余杭径山茶、塘栖枇杷、径山香茗、红烧羊肉、豌豆糯米饭、超山青梅等，这些都可以在余杭的大小饭店中尝到。

周边景点：

良渚文化村是一个以生态、观景、人文名胜、休闲游乐与人居为定位的旅游城镇，城镇内集中了良渚文化博物馆、"良渚圣地"公园、良渚五星级度假村、"良渚不夜城"、"良渚风情街"、良渚生态森林公园等景点及设施。

49. 繁华的“天堂”：清河坊

杭州的百年老店，如王星记、张小泉、万隆火腿栈、胡庆余堂、方回春堂、叶种德堂、保和堂、状元馆等均集中在这一带。

关键词：古街、人文

地址：浙江省杭州市上城区河坊街商圈

推荐理由：

清河坊位于杭城南部景区吴山脚下，是杭州目前唯一保存较完好的旧城区。其中，河坊街新宫桥以东，是南宋时期宋高宗寝宫——德寿宫遗址，被封为清河郡王的张俊住宅就在当时称之为御街的太平巷。南宋时，清河坊商铺林立、酒楼茶肆鳞次栉比，是杭城的政治文化中心和商贾云集地。历经元、明、清及民国时期直至解放初期，这一带仍是杭城商业繁华地带。杭州的百年老店，如王星记、张小泉、万隆火腿栈、胡庆余堂、方回春堂、叶种德堂、保和堂、状元馆、王润兴，义源金店、景阳观、羊汤饭店等均集中在这一带。

美食推荐：

杭州历史悠久，特色小吃自然少不。东坡肉、宋嫂鱼羹、清汤鱼圆、叫化童子鸡、干炸响铃、西湖莼菜汤、虾爆缮面、片儿川等，都非常好吃。清河坊上有许多百年老店，可以尝到最地道的杭城美味。

周边景点：

三潭印月是到杭州必去的地方，岛中有湖，湖中有岛。这里是西湖中秋赏月的最好去处。雷峰塔位于西湖南麓，初名夕照山，是南屏山的支脉，山高 48 米，对面是传说中济公活佛在杭州修行时的净寺，也是“南屏晚钟”景点的所在。

50. 楠溪第一村：枫林村

枫林村完整地保存着明宪宗成化二十年建造的“徐尹沛尚义之门”，这是供奉明宪宗旌表徐氏兄弟友爱的诏书，所以俗称“圣旨门”。

关键词：古村、历史

位置：浙江省温州市永嘉县

推荐理由：

枫林村位于温州楠溪江中游东侧，与岩头村隔江相望，有“楠溪第一村”和“小温州”之称。枫林村完整地保存着明宪宗成化二十年（1484 年）建造的“徐尹沛尚义之门”，这是供奉明宪宗旌表徐氏兄弟友爱的诏书，所以俗称“圣旨门”。

与圣旨门相隔 13 米的南面是一个水池，叫“圣旨门湖”，湖中央有长方形亭子一座。清朝与民国时期，圣旨门街是楠溪江中游最繁华的商业街。祠堂众多是枫林村落建筑的主要特点之一，全村有大小宗祠 36 座，现尚遗存 27 座，大部分位于村寨边沿。年代最久的为枫林徐氏九世祖徐文辉（1333 – 1396 年）的“八房祠”，虽经历 600 多年风雨，仍完整地保持原貌。

美食推荐：

温州永嘉县有很多美食，如永嘉早香柚、永嘉荆州板栗、东皋红柿、永嘉田鱼、碧莲香柚、楠溪糯米糖、楠溪麦饼、白银豆、楠溪素面、楠溪杨梅、三寸黄柑擘等。

周边景点：

石桅岩景区位于永嘉县境内，三面环溪成峡，相对高度 306 米，有“浙南天柱”、“华夏之冠”等称号。

51. 静谧的海岛小镇：东沙古镇

从清朝早中期到新中国建设初期，东沙一直是岱山的政治、经济、文化中心。

关键词：海岛、人文、自然风光

地址：浙江省舟山市岱山县东沙镇

推荐理由：

东沙位于著名渔场岱衢洋沿岸，岱山岛的西北角，是一座百年古镇，是舟山群岛著名的渔港。

东沙一直是岱山的政治、经济、文化中心。早在 18 世纪初期，东沙角便渔船云集，形成渔港，成为海上大集镇。如今，古镇的风貌保存得比较完整。到东沙，吃海鲜是不能错过的。岱山出产的鱼的种类数不胜数，有老渔民说，捕了一辈子鱼，叫不上名的还很多。著名的有黄鱼、带鱼、鳓鱼、鲳鱼、目鱼、虎头鱼、马鲛鱼、鳗鱼、梭子蟹及各种虾、海蜇，另有香螺、海瓜子、蛏子、蛤皮等贝类。新鲜烹制、美味可口。

美食推荐：

简单的龙头鱼煮豆腐汤是岱山人的家常菜，十分鲜美、爽口，并有“飞龙卧雪地”的美名。鳓鱼加工成腌制品或醉糟品，上海、宁波一带称舟山香鱼，十分美味。

周边景点：

鹿栏晴沙位于岱山岛东北部的后沙洋，是“蓬莱十景”之首，因处鹿栏山下得名。沙滩南北长 3600 米，东西宽约 500 米，沙质细腻而坚硬，滩坡平缓呈铁灰色，故素有“万步铁板沙”之称。

江苏篇

JIANGSU

52. 中国四大博物馆之一：南京博物院

南京博物院是中国最早的国立博物院，建于民国时期，是国内最具盛名的几家博物院之一，与故宫博物院、上海博物馆齐名。

关键词：博物馆、人文、历史

地址：江苏省南京市玄武区中山东路 321 号

推荐理由：

南京博物院是中国最早的国立博物院，建于民国时期，是国内最负盛名的几家博物院之一，与故宫博物院、上海博物馆齐名。博物院前身是蔡元培先生倡议创建的国立中央博物院筹备处，当时是全国唯一仿照欧美一流博物馆建造的现代综合性大型博物馆。

南京博物院建筑为仿辽代宫殿式，由民国著名建筑师徐敬直设计，经建筑大师梁思成修改，1936 年 6 月开始兴建，1947 年告竣。整个大殿雄伟壮观，是近代建筑史上的杰作，其结构部分按《营造法式》设计建造，某些细部和装饰兼具唐宋遗风。

博物院通过收购、拨交、发掘，集中了全国一流珍品约二三十万件，其中包括绘画历代帝后像、《唐明皇幸蜀图》；铜器毛公鼎、司母戊鼎等稀世国宝。

美食推荐：

去南京可以品尝小笼包，好的小笼包皮薄如纸，一口咬下，鲜美的汤汁便涌了出来。还有煮干丝、牛肉锅贴、鸭血粉丝汤、如意回卤干、梅花糕、蒸儿糕等，也是很不错的南京小吃。

周边景点：

如果想来一场历史文化之旅，不如把周边大大小小的博物馆一起参观个遍，如南京航空航天馆、南京地质博物馆等，都值得参观。如果想亲近文化艺术，那么兰苑剧场、总统府是不错的选择。

53. 斑驳"鬼脸城"：石头城遗址

石城霁雪区位于公园的西侧，北至清凉山，南至清凉门，沿古城墙呈带状分布，是石头城公园的精华所在，是金陵四十八景之一。

关键词：遗址、历史

地址：江苏省南京市鼓楼区草场门虎踞路 87 号

推荐理由：

石头城又称"鬼脸城"，原是三国东吴时期孙权在赤壁之战后，于公元 211 年将首府由京口（今镇江）迁至秣陵（今南京）时，利用清凉山的天然石壁建立的军事要塞。它自古就是个闻名的景点，站于此地，更能领会到刘禹锡《西塞山怀古》和王安石《桂枝香》中对于金陵的怀古意境。

石头城公园划分为国防春晓、石城霁雪和山居秋瞑三大景区，设 21 个景点。石城霁雪区位于公园的西侧，北至清凉山，南至清凉门，沿古城墙呈带状分布，是石头城公园的精华所在，是金陵四十八景之一。而山居秋瞑区在公园东侧的山林地带，植被浓密，生机盎然。清凉山和石头城一带有"城市山林"之美称，游览时，会感觉到元代萨都剌《登石头城》中的凄楚与伤感。

美食推荐：

南京鼓楼区湖南路上的狮子桥美食街，是当地最为热门的小吃地。这里聚集了各地知名餐饮品牌。江淮的小吃、云南的卤粉以及韩国的特色烧烤、新加坡特色肉骨茶等，都可以找到。

周边景点：

坐落于 600 年前的龙江宝船厂遗址之上的"宝船遗址公园"是南京为郑和下西洋 600 年纪念而投资开发的一座融旅游、纪念、展览、休闲为一体的大型遗址性公园，公园中展出的宝船长 148 米，宽 60 米，十分雄伟。

54. 国父陵寝：中山陵

从空中往下看，中山陵像一座平卧在绿绒毯上的“自由钟”，融汇了中国古代与西方建筑精华，庄严简朴，别具一格。

关键词：陵墓、人文

地址：江苏省南京市四方城 2 号

推荐理由：

中山陵是中华民国国父、中国民主革命的先行者孙中山的陵墓，位于南京市东郊紫金山南麓，西邻明孝陵，东毗灵谷寺。

整个陵寝建筑群依山势而建，由南往北沿中轴线逐渐升高，主要建筑有博爱坊、墓道、陵门、石阶、碑亭、祭堂和墓室等，排列在一条中轴线上，体现了中国传统建筑的风格。从空中往下看，中山陵像一座平卧在绿绒毯上的“自由钟”，融汇了中国古代与西方建筑精华，庄严简朴，别具一格。

中山陵各建筑在型体组合、色彩运用、材料表现和细部处理上均取得极好的效果。音乐台、光华亭、流徽榭、仰止亭、藏经楼、行健亭、永丰社、永慕庐、中山书院等建筑众星捧月般环绕在陵墓周围，色调和谐统一，更增强了庄严的气氛，既有深刻的含意，又有宏伟的气势，被誉为“中国近代建筑史上第一陵”。

美食推荐：

南京城的街头小吃很多，特别推荐鸭血粉丝汤，汤头鲜美，粉丝筋道、有弹性，里边的鸭肠、鸭血、鸭肝、鸭肫分量实在，味道也不错。还有小笼包、花糖芋苗、干丝、如意回卤干灯，都是别具风味的美食。

周边景点：

孙中山纪念馆原名藏经楼，位于中山陵与灵谷寺之间的密林中，是一座仿清代喇嘛寺的古典建筑。楼内珍藏有孙中山先生的经典著作和奉安照片等珍贵史料。

55. 爱国主义教育基地：雨花台风景区

这里有全国规模最大的烈士纪念建筑群，历史悠久的名胜古迹，郁郁葱葱的山林，四季应时的花草，以及驰名中外的雨花石和闻名遐迩的雨花茶。

关键词：爱国主义教育基地、历史

地址：江苏省南京市雨花路215号

推荐理由：

雨花台，三国东吴时称石子岗、玛瑙岗、聚宝山；南朝时，佛教盛行，传说高僧云光法师在此设坛讲经，因说法虔诚所至，感动上苍，落花如雨，始得名。明、清两代，景区内的“雨花说法”和“木末风高”分别被列为“金陵十八景”和“金陵四十八景”之一，为江南著名风景游览胜地。

雨花台风景名胜区由名胜古迹区、烈士陵园区、雨花石文化区、雨花茶文化区、游乐活动区和生态密林区六大功能区组成。近年来，新建、复建了雨花阁、二忠祠、木末亭、乾隆御碑亭、方孝孺墓、辛亥革命人马冢、甘露井、曦园、怡苑、梅岗等20余处名胜古迹和楼台亭阁馆。如今，这里有全国规模最大的烈士纪念建筑群，历史悠久的名胜古迹，郁郁葱葱的山林，四季应时的花草，以及驰名中外的雨花石和闻名遐迩的雨花茶等，已成为集教育、旅游、休闲、服务为一体的多功能风景名胜区。

美食推荐：

雨花台附近有不少好吃的。大上海酒店的扇贝味道不错，醉虾也值得一试；皇点公馆的乳鸽油而不腻；梅花香里大酒店的猪蹄很值得品味；钱记生态酒店的绿茶饼很是清香。

周边景点：

汤山因温泉而得名，已有1500多年的历史，是著名温泉疗养区，居中国四大温泉疗养区之首。古时，汤山温泉就曾于南朝萧梁时期封为御用温泉，并被封为圣泉。此后，历代达官显宦、文人雅士常来此游览沐浴。

56. 金陵明珠：玄武湖公园

“钱塘莫美于西湖，金陵莫美于后湖。”北宋文学家欧阳修曾如此赞誉玄武湖。

关键词：自然风景、人文

地址：江苏省南京市玄武区玄武巷1号

推荐理由：

玄武湖古名桑泊、后湖，已有1500多年的历史。六朝时期为皇家园林，明朝时为黄册库，系皇家禁地，清朝时期辟为公园。

玄武湖位于南京市城中，是紫金山脚下的国家级风景区，中国最大的皇家园林湖泊，当代仅存的江南皇家园林，江南三大名湖之一。玄武湖公园是江南最大的城内公园，被誉为“金陵明珠”。玄武湖分为五洲（环洲、樱洲、菱洲、梁洲、翠洲），洲洲堤桥相通，浑然一体，处处有山有水。湖内养鱼并种植荷花，夏秋两季，水面一片碧绿，粉红色荷花掩映其中，满湖清香，景色迷人。环湖有玄武晨曦、北湖艺坊、玄圃、玄武烟柳、武庙古闸、明城探幽、古阅武台等众多景点。许多文人骚客都曾在玄武湖留下诗篇，如萧统、李煜、韦庄、杜牧、刘禹锡、李商隐、李白、欧阳修、王安石、曹雪芹、郭沫若等。“钱塘莫美于西湖，金陵莫美于后湖。”北宋文学家欧阳修曾如此赞誉玄武湖。

美食推荐：

南京被称为“鸭都”，盐水鸭至今已有一千多年的历史，具有香、酥、嫩的特点。每年中秋前后的盐水鸭色味最佳，是因为鸭在桂花盛开季节制作，故名曰：桂花鸭。在南京几乎所有的餐馆都能吃到盐水鸭。

周边景点：

夫子庙是一组规模宏大的古建筑群，是供奉和祭祀孔子的地方，中国四大文庙之一，位于秦淮河北岸的贡院街旁。如今的夫子庙周围已是热闹的商业街和小吃街，游客络绎不绝。

57. 勿忘国耻：侵华日军南京大屠杀遇难同胞纪念馆

纪念馆是中国人民铭记全民族灾难的专史纪念馆，也是中国唯一一座有关侵华日军南京大屠杀的专史陈列馆及国家公祭日主办地。

关键词：纪念馆、历史

地址：江苏省南京市建邺区水西门大街418号

推荐理由：

侵华日军南京大屠杀遇难同胞纪念馆因选址于南京大屠杀江东门集体屠杀遗址及遇难者丛葬地，故又称江东门纪念馆。纪念馆是为铭记侵华日军入侵南京后制造了惨无人道的南京大屠杀的暴行而筹建，是中国人民铭记全民族灾难的专史纪念馆，也是中国唯一一座有关侵华日军南京大屠杀的专史陈列馆及国家公祭日主办地。

呈平顶半地下墓室形的史料陈列厅内，主要陈列有：当年日军屠杀现场照片，历史档案资料，中外人士当年对这次历史惨案所写的纪实、报道和出版的专著、图书、报刊，至今尚健在的1000多位幸存者的名册、证言、证词和实物；当年屠杀南京军民的日军军官和士兵的日记、供词等，崇善堂、红十字会等慈善团体掩埋尸体的照片、统计表、臂章、证词以及远东国际军事法庭和中国军事法庭对南京大屠杀主犯松井石根、谷寿夫审判的照片、判决书等。电影放映厅内向观众放映《侵华日军南京大屠杀》历史文献纪录片。

美食推荐：

在侵华日军南京大屠杀同胞纪念馆周边，有不少咖啡店，在参观完纪念馆后，不妨到那里点一杯咖啡，平复心情，静静凝思一番。

周边景点：

南京总统府是一座有六百多年历史的老建筑遗存，现在已成为中国最大的近代史博物馆。园中亭台楼阁，古木叠障，是典型的徽派江南古典园林。这里多次成为中国政治军事的中枢、重大事件的策源地。这一建筑群，成为近代中国历史的重要遗址。

58. 无锡千年老寺院：崇安寺

崇安寺拥有1600多年历史，自古以来这里就是无锡的政治中心、商贸中心和文化中心。

关键词：古刹、人文、历史

地址：江苏省无锡市崇安区中山路308号

推荐理由：

有1600多年历史的崇安寺，自古以来就是无锡的政治中心、商贸中心和文化中心。目前，崇安寺景区推出25个景点，分别为牌楼、皇亭、崇安阁、王兴记、功德林、皇亭美食、阿炳塑像、钟楼、二泉广场舞台、玉皇殿、阿炳故居、多寿楼、白水荡、池上草堂、同庚厅、兰簃、紫园、绣衣峰、归云坞、万象更新、秦起铜像、龙岗、白塔、后乐园、九老阁。

景区内集中了传统老字号、地方小吃、西式餐饮、茶肆酒吧、黄金珠宝等商业，还拥有中国最早的县级图书馆，音乐家阿炳的名曲《二泉映月》也是从这里走向世界。景区还囊括了中国最早的开放式免费公众文化公园，素有“华夏第一公园”美誉的公花园。

美食推荐：

锡惠公园对面赛王记的无锡小笼和开洋馄饨在无锡相当出名，而崇安寺步行街上王兴记的馄饨、蟹粉馒头、虾仁馄饨也是不容错过的。

周边景点：

无锡最出名的就是鼋头渚，这里因巨石突入太湖之中，形状酷似神龟昂首而得名。鼋头渚风景区有充山隐秀、鹿顶迎晖、鼋渚春涛、横云山庄、广福寺、太湖仙岛、江南兰苑、中日樱花友谊林等众多景观，已成为著名的旅游度假休养胜地。

59. 大师从这里走出：钱钟书故居

钱钟书故居是一组江南常见的具有传统风格的民居建筑，钱钟书先生在这里度过了童年、少年、青年时期。

关键词：故居、人文

地址：江苏省无锡市崇安区健康路新街巷 30 号、32 号

推荐理由：

钱钟书故居是一组江南常见的具有传统风格的民居建筑：前后共两进，面阔均为七间。1926 年钱钟书的叔父钱基厚先生因子女较多，在征得其父同意后，于后园西北角添建楼房三楹；此后又建楼房一楹，因园内有一树盛开的梅花，故名“梅花书屋”。钱钟书先生在这里度过了童年、少年、青年时期，目前，除小部分被拆毁外，大部分尚保存基本完好，是无锡不多的书香宅第。

故居大门东侧的三间房，除最东一间是家祠外，其余两间为钱钟书先生的父亲钱基博教授寒暑假回家期间课子讲学之所，名为“后东塾”。钱钟书先生少年时期常和几位堂兄弟在此读书、听讲、习字、作文。钱钟书所著的一本散文集就是以此塾为书名的，叫做《后东塾读书记》。

美食推荐：

离故居不远的健康路上有很多美食，比如熙盛园里的小笼，后西街洁丰面店的半只鸡、汤蛳螺、水煮一锅鲜等。珍味园、锡都饭店，长江北路的醉香园，还有公交一场旁的红兴，都是实惠的饭店。另外，振兴路上的脆皮老婆饼也是大家喜欢的小吃。

周边景点：

无锡影视基地是中国第一家以影视拍摄和旅游休闲相结合的主题公园，有“东方好莱坞”之称。三国水浒景区坐落于美丽的太湖之滨，是影视文化与旅游文化完美结合的主题景区，也是国家首批 AAAAA 级旅游景区。

钱钟书故居由钱钟书祖父钱福炯于 1923 年筹建，其叔父钱孙卿续建于 1926 年。祖父钱福炯将其题名为“绳武堂”，匾为当时江苏省省长韩国钧所书，钱福炯撰联悬于厅堂之上，勉励钱氏子孙勤奋读书，安份守业，和睦相处，继承家风。绳武堂敦厚质朴、鼓励奋进的门风，在钱钟书心里留下了不可磨灭的印象。

钱钟书故居有着深厚的历史文化积淀，极具历史人文价值。二十世纪以来，在“爱国、爱民、爱学习”的家风熏陶下，江南钱氏家族中人才辈出，仅“绳武堂”一脉，就有钱基博、钱钟书父子这样的文化学术泰斗以及钱钟韩、钱钟教、钱钟鲁、钱钟泰这样的科学院院士、学者教授，钱基厚、钱钟汉父子也是著名的工商界人士。

60. 大师风范建筑：苏州博物馆

苏州博物馆的设计者为著名建筑大师贝聿铭，馆址为太平天国忠王李秀成王府遗址，该馆藏品1.5万多件。

关键词：博物馆、历史、人文

地址：江苏省苏州市东北街204号。

推荐理由：

苏州博物馆的设计者为著名建筑大师贝聿铭，馆址为太平天国忠王李秀成王府遗址。

苏州博物馆陈列面积2200平方米，该馆藏品1.5万多件，书画藏品中有宋至明清名人作品，如过云楼后人顾笃琨的子女捐赠的《元赵天裕、柯九思、赵原、顾定之、张绅、吴镇六家墨竹卷》（《七君子图》），元赵孟頫书《兰亭序》卷、王蒙《竹石图轴》，清王石谷《水竹幽居图卷》，明吴门四大家沈周、文征明、唐寅、祝允明及清初石涛、八大山人、“四王吴恽”、扬州八怪等人作品；瓷器有五代越窑青瓷莲花碗、元釉里红蓝地白花盏托、明正德釉里红白鱼暗花盘等；出土文物有吴江梅埝良渚文化漆绘黑陶罐，虎丘塔和瑞光塔发现的唐宋经卷、嵌螺甸漆经盒、檀龛宝相、丝绸刺绣、真珠舍利宝幢、彩绘四天王像内木函等。

美食推荐：

在博物馆对面有几家面馆，可以尝到正宗的苏州面点。临顿路小河边上的哑巴生煎，味道还不错，而且不是太贵。离博物馆不远的观前街上，有各种苏州本地美食。

周边景点：

拙政园是中国四大名园之一，也是苏州存在的最大的古典园林。全园以水为中心，山水萦绕，厅榭精美，花木繁茂，具有浓郁的江南汉族水乡特色。园南还建有苏州园林博物馆，是国内唯一的园林专题博物馆。

61. 姑苏第一街：山塘街

山塘街历史悠久，始建于唐代宝历年间，至今已有1100余年历史，一直被誉为“姑苏第一名街”。

关键词：古街、人文

地址：江苏省苏州市金阊区

推荐理由：

山塘街东起阊门渡僧桥，西至苏州名胜虎丘山的望山桥，长约七里，所以苏州俗语说“七里山塘到虎丘”。山塘街历史悠久，它始建于唐代宝历年间，至今已有1100余年历史。传说是唐代大诗人白居易所建，一直被誉为“姑苏第一名街”。

山塘街可以分为东西两段，东段从阊门渡僧桥起至半塘桥，这一段大多是商铺和住家，各种商店一家挨着一家，其中，星桥一带最为热闹繁华。山塘街的西段指半塘桥至虎丘山，这一段渐近郊外，河面比东段要开阔，河边绿树成荫，村舍野艇，别有野趣。

美食推荐：

山塘街口的“大阿二生煎包子”是必吃的美食，煎包子有甜甜的肉汁和脆脆的皮，十分美味。这家店的泡泡馄饨也不错。山塘街上的秘制臭豆腐非常有名，还有黄天源的马蹄糕和桂花糖年糕，以及采芝斋的桂花松仁糖、粽子糖等都值得推荐。

周边景点：

虎丘有“吴中第一名胜”之誉。相传春秋时吴王夫差葬其父阖闾于此，葬后三日有白虎踞其上，故而得名。景区内拥有岩寺塔及断梁殿、埋有吴王阖闾墓葬之谜的剑池、汇集苏派盆景精华的万景山庄等景点。

62. 江南“四里”之一：黎里古镇

黎里古镇地处苏浙沪交界处，和苏州的同里、吴兴的织里、常熟的古里统称江南“四里”，至今仍保留着明清风韵。

关键词：古镇、人文、历史

地址：江苏省苏州市吴江区汾湖镇黎里镇浒泾路30号

推荐理由：

黎里古镇地处苏浙沪交界处，和苏州的同里、吴兴的织里、常熟的古里统称江南“四里”。古镇至今仍保留着明清风韵，镇上鳞次栉比的宅院，大都是明清两代的木结构两层楼房，街边铺面店堂相接，弄堂相连。全镇有弄堂99条，有走马堂楼底的“跨楼弄”，有两弄紧依比翼的“鸳鸯弄”，有直插郊外的“通风弄”，还有弄内生弄的“迷魂母子弄”。同时水乡古桥之多，河岸之美，又构成了这里的又一江南水乡特色。古镇与著名的爱国主义者柳亚子先生的名字紧密相连。全国唯一的“柳亚子纪念馆”就位于镇中心。

美食推荐：

黎里古镇上的麻球、辣脚、五香豆都是知名特产，其中以黎里辣脚最为知名。辣脚就是鸡爪，始盛于上世纪90年代初，口感鲜酥、味浓、微辣、略甜，深得游客喜爱。

周边景点：

除了同在吴江的同里古镇、静思园之外，自驾的游客还可以驱车前往苏州老城区一逛，平江路、山塘街等免费景点，都十分有风味。

63. 苏州古城缩影：平江历史街区

平江历史街区位于苏州古城东北隅，是苏州迄今保存最完整、规模最大的历史街区，堪称苏州古城的缩影。

关键词：老街、建筑、美食

地址：江苏省苏州市苏州古城东北隅

推荐理由：

平江历史街区位于苏州古城东北隅，是苏州迄今保存最完整、规模最大的历史街区，堪称苏州古城的缩影。

今天的平江历史街区仍然基本保持着“水陆并行、河街相邻”的双棋盘格局以及“小桥流水、粉墙黛瓦”的独特风貌，积淀了极为丰富的历史遗存和人文景观。街上有世界文化遗产“耦园”、人类口述和非物质文化遗产代表作昆曲展示区“中国昆曲博物馆”，以及省市级文物古迹100多处。这里的城墙、河道、桥梁、街巷、民居、园林、会馆、寺观、古井、古树、牌坊等100多处古代城市景观风貌基本保持原样。

美食推荐：

平江路上的苏帮菜馆是难得的幽雅静谧之地。菜肴很精致，色香味俱全。凉菜采用分食制，干净卫生，“水八鲜”则是非常值得一尝的推荐菜。

周边景点：

观前街位于苏州市中心，是苏州人气最高的购物聚集地，历来有“苏州第一商圈”的美誉。这里是姑苏城内最老字号的购物街区，因古寺玄妙观而得名，有150多年的历史，自古便是熙熙攘攘的重要商业街。

64. 年轻人喜欢的婚纱胜地：金鸡湖

金鸡湖整个景观分为八个区，如今，这里成为新人们拍摄婚纱照的胜地。

关键词：自然风光、休闲度假

地址：江苏省苏州市苏州工业园区

推荐理由：

金鸡湖景区位于苏州工业园区，总面积 11.5 平方公里，精心打造了文化会展区、时尚购物区、休闲美食区、城市观光区、中央水景区五大功能区。

金鸡湖有一个美丽的传说：很久以前，一艘装满稻谷的小船在金鸡湖上行驶。忽然，一只全身闪光的金鸡从天而降。金鸡跳到稻谷堆上，开始啄食满船的稻米。渔夫猜测可能金鸡腹中饥饿，便好心地捧起大把的稻米，喂与金鸡。饱餐之后，金鸡张开翅膀向高空飞去，并抛下漫天的种子。瞬间，金鸡湖中长出了一种姑苏人以往从未见过的植物——芡实。后来，人们为了感谢金鸡送芡实，将金鸡飞临之湖称之为“金鸡湖”。

金鸡湖整个景观分为八个区，它们是湖滨大道、城市广场、水巷邻里、望湖角、金姬墩、文化水廊、玲珑湾、波心岛。如今，这里成为新人们拍摄婚纱照的胜地。

美食推荐：

苏州豆腐干采用新鲜圆柱大豆为原料，经多道工序制作而成，口味甜甜的，带着卤汁，十分好吃。苏州豆腐干是游客在当地必尝的小吃。

周边景点：

金鸡湖摩天轮位于金鸡湖东畔，摩天轮高 120 米，每个座舱都安装有空调，并可容纳 6 人同时乘坐。当你所在的座舱运行到最高处时，可以尽情包览湖面风光和都市景观。

65. 京杭大运河畔的扬州魂：东关历史文化旅游区

东关街不仅是历史上古城扬州水陆交通要冲，而且是扬州商业、手工业和宗教文化中心。

关键词：古街、历史、人文

地址：江苏省扬州市广陵区东关街东圈门

推荐理由：

东关街全长 1122 米，宽约 5 米，位于古城扬州的东北角，因为街道由西向东直抵东关城门，通往东关古渡，故名东关街。东关街不仅是历史上古城扬州水陆交通要冲，而且是扬州商业、手工业和宗教文化中心。

与东关街紧紧相连的是东圈门古街区，这里除有老字号店铺外，还集中了众多古迹文物，有个园、逸圃、汪氏小苑，有扬州较早创办的广陵书院、安定书院、仪董学堂，有明代的武当行宫、准提寺，还有东关街西头香火很旺的财神庙等。如今东关街东街口又发现了宋大城东门双瓮城遗址。

美食推荐：

东关街的美食众多，其中淮扬精品餐饮主要设在马坊巷和花局里，马坊巷主打壶园精品淮扬菜；花局里主打扬州品牌餐饮店，如金带围、富春茶社。扬州的特色餐饮、小吃主要设在美食广场和前安家巷。

周边景点：

个园由两淮盐业商总黄至筠建于清嘉庆 23 年（1818 年）。个园是以竹、石取胜，连园名中的“个”字，也是取了竹字的半边。值得一提的是个园的叠石艺术，采用分峰用石的手法，运用不同石料堆叠而成“春、夏、秋、冬”四景。

66. 徐州始祖纪念园：彭祖园

彭祖园是为纪念徐州的始祖彭祖而建的一个自然景观与人文景观兼备的大型综合性公园。

关键词：遗址、人文、历史

地址：江苏省徐州市泰山路

推荐理由：

彭祖园简称彭园，位于徐州市南郊，是为纪念徐州的始祖彭祖而建的一个自然景观与人文景观兼备的大型综合性公园。

彭祖园由彭祖文化游览区、不老潭景区、樱花林景区、徐州动物园、徐州游乐园五个景区组成。其中，文化游览区的彭祖园东门是一组厅轩式结构的建筑。东门地处石牌坊和九龙壁之间，占有这一区域园林建筑群的中心位置。门前的两只巨大石狮子和门上的彩绘，把东门打扮得华丽典雅。不老潭景区位于彭祖园西部，不老潭处于青山拥抱之中，属山间盆地地形，数条山间小溪汇聚于此，水面清澈明亮，波光粼粼。相传彭祖带人在湖畔修练，见此处泉水汩汩喷流，禁不住捧起一捧，一饮而尽，顿觉甘甜滋润。后人知彭祖饮此水益寿延年，故称此湖为“不老湖”。

美食推荐：

徐州的菜点秉承大彭古风，自成体系。当地的解放南路、复兴南路都是著名的美食街。易牙五味鸡、符离集烧鸡、葱烧孤雁、乐天鸭子、徐州三鲤、龙门鱼等都是徐州名菜。

周边景点：

徐州的汉兵马俑、汉墓、汉画像石并称为“汉代三绝”，其中汉画像石以其独特的艺术风格、珍贵的历史价值与南京六朝石刻、苏州园林并称为“江苏三宝”。自驾去的话可以一一欣赏。

67. 金戈铁马展雄风：徐州博物馆

博物馆常年陈列有“古彭之宝”、“金戈铁马”、“天工汉玉”、“俑偶华彩”、“明清家具”、“邓永清捐赠明清书画”等展览。

关键词：博物馆、历史、人文

地址：江苏省徐州市和平路101号

推荐理由：

徐州博物馆坐落在徐州市南风景秀丽的云龙山北麓，由陈列楼、乾隆行宫、土山汉墓三大展区组成。博物馆常年陈列有“古彭之宝”、“金戈铁马”、“天工汉玉”、“俑偶华彩”、“明清家具”、“邓永清捐赠明清书画”等展览。

该馆原址为清高宗乾隆皇帝1757年南巡时的行宫旧址。行宫与碑园内陈列唐使院石幢、宋代八音石及前后《出师表》，前后《赤壁赋》等著名碑刻八十余方。园内水榭亭台，墨香浮动。

博物馆内运用现代陈列展示手段，展出了徐州出土古代兵器文物，再现古彭大地古代战争画卷，全面反映徐州兵家必争之地的历史。展出的新出土的汉代玉器，拥有金、银、铜缕玉衣，在全国独一无二。

美食推荐：

辣汤是徐州特有的一种小吃，是由我国第一位著名的职业厨师彭祖创制，至今已有4000余年的历史。汤里面有鳝丝、鸡丝、面筋等，看起来黑乎乎的，喝起来带有胡椒味，在汤中加上些许香油，更是美味。

周边景点：

徐州博物馆正对面就是云龙山，云龙山既有自然风光，又有人文景观，有北魏时代的大石佛，唐宋摩崖石刻，宋代的放鹤亭、招鹤亭，明代的兴化禅寺，清代的大士岩等景点。

68. 西湖姊妹湖：云龙湖风景区

景区内有汉画像石馆、汉墓、刘备泉、水上世界、生态岛、十里杏花、滨湖公园及苏公塔等许多景点，与杭州西湖结为“姊妹湖”。

关键词：自然风光、休闲度假

地址：江苏省徐州市泉山区泉新路 1 号

推荐理由：

云龙湖风景区位于徐州市区南部，景区内有汉画像石馆、汉墓、刘备泉、水上世界、生态岛、十里杏花、滨湖公园及苏公塔等许多景点。1994 年 12 月，云龙湖与杭州西湖结为“姊妹湖”。

小南湖，是云龙湖的有机组成部分，它位于云龙湖南岸，其水全部来自云龙湖，两者之水从桥下相通，但两湖之间又被一条道路和绿化带隔开，所以又可单称小南湖。秋韵园是由一片鱼塘和芦草荒地改建的，适宜秋天观赏的乔木、灌木和地被植物，共有 50 多个品种。苏东坡曾云：“溪边野芙蓉，花水相媚好。”云龙山西麓的刘备泉，一泓清水倒映陡崖峭壁，岩石上刻有“刘备泉”三个大字，诗云：“苔遥踏新绿，缓步龙山曲。清泉石罅中，澹澹流碧玉。”这泉又称流碧泉，以前水旺的时候，一股清流从石隙喷涌而出，过往行人或张口接饮，或装瓶带走。

美食推荐：

徐州特产小儿酥糖是清朝乾隆年间的传统食品，其特点是香、酥、甜三性具备，是老少皆宜之佳品，现经制糖技师的挖掘整理，在保持原有特色的基础上加以创新，重新问世。

周边景点：

龟山汉墓位于徐州市龟山西麓，为西汉第六代楚王襄王刘注的夫妻合葬墓，为两座并列相通的陵墓，其中南为楚王襄王刘注墓，北为其夫人墓，两墓均为横穴崖洞式。

69. 南通护城河：濠河风景区

濠河环绕南通老城区，形如葫芦，宛如珠链，被誉为南通城的“翡翠项链”。濠河是国内保留最为完整且位居城市中心的古护城河，距今有千余年的历史。

关键词：自然风光、休闲度假

地址：江苏省南通市濠河西路55号

推荐理由：

濠河环绕南通老城区，形如葫芦，宛如珠链，被誉为南通城的“翡翠项链”。濠河原为古护城河，史载后周显德五年（公元958年）筑城即有河。现周长10公里，水面1080亩，水面最宽处215米，最窄处仅10米，是国内保留最为完整且位居城市中心的古护城河，距今有千余年的历史。

濠河水清如镜，自然风光优美，拥有江鸥、野鸭、鱼鹰等自然生态群落。濠河两岸有光孝塔、天宁寺、北极阁、文峰塔、南通博物苑、五公园等名胜古迹，有张謇、沈寿、李方膺、赵丹等名人故居，还有诸多新兴的文化娱乐场所，以及28座桥和各种名木古树。清澈洁净的濠河与亭、台、楼、阁、塔、榭、坊等交相辉映，人文景观与自然风光融为一体，千百年积累的历史遗迹、园林艺术、乡俗风情奠定了濠河古朴凝重的文化底蕴，而现代城市的崛起，又赋予它朝气勃勃的时代风采。

美食推荐：

南通盛产的文蛤有“天下第一鲜”之美誉，古代曾列为贡品上献朝廷。文蛤肉有爆炒、煨汤、烧烤、生炝等多种食法，铁板文蛤，金钱文蛤饼等为南通名菜。

周边景点：

光孝塔历史悠久，有“未有城，先有塔，前人就塔建城”之说，是“南通三塔”中最古老的一座。光孝塔为五级八面砖木塔，塔身颀长玲珑，为濠河西北一景。

70. 镇江文脉：西津渡古街

西津渡古街是镇江文物古迹保存最多、最集中、最完好的地区，是镇江历史文化名城的“文脉”所在。

关键词：老街、历史、人文

地址：江苏省镇江市西津渡古街

推荐理由：

西津渡古街位于镇江城西的云台山麓，是依附于破山栈道而建的一处历史遗迹。西津渡古街是镇江文物古迹保存最多、最集中、最完好的地区，是镇江历史文化名城的“文脉”所在。

这里共有文物保护单位 12 处，古时候，这里东面有象山为屏障，挡住汹涌的海潮，北面与古邗沟相对应，临江断矶绝壁，是岸线稳定的天然港湾。古街上的建筑多为明清时期的遗迹，砖木结构，飞檐雕花的窗栏一律油漆成朱红色，给人以“飞阁流丹”的感觉。现在，仍能清晰地看到沿街“民国元年春长安里”、“吉瑞里西街 · 1914”、“德安里”等题额。街上的商业众多，有餐饮小吃店、生活用品店，还有许多为船家服务的店铺，诸如木匠店、缆绳店等。青石板路面上那深深的车辙足以证明这千年古渡、千年老街当年的繁华。中国文物学会会长罗哲文先生把这里誉为“中国古渡博物馆”。

美食推荐：

镇江锅盖面是中国十大面条之一。锅盖面用的是“跳面”，这种面条有毛孔，卤汁易入味，吃在嘴里耐嚼有劲，味道独具。锅盖面的底料也十分讲究，秘制酱汁加上十余种佐料，味道十分鲜美。

周边景点：

北固山是镇江三山名胜之一，远眺北固，横枕大江，三国时“甘露寺刘备招亲”的故事就发生在这里。北固山以险峻著称，山上亭台楼阁、山石涧道，无不与三国时期的历史传说有关，成为游人寻访三国遗迹的向往之地。

71. 篦梁灯火：篦箕巷

夜晚，站在文亨桥上远远看去，运河宛如金色游龙，一片锦绣迷人的景象，因此，这里被称为常州西郊八景之一“篦梁灯火”。

关键词：古镇、人文

地址：江苏省常州市钟楼区

推荐理由：

篦箕巷位于常州城西古运河北岸，从明朝正德十四年起（1519年），毗陵驿即设于此。毗陵驿是古时供传递公文的差役和官员途径本地时歇宿、换马的住所。清乾隆年间，毗陵驿也被称为皇华馆。接官亭叫做皇华亭，亭前的码头叫做大码头，现在仍可看到大码头牌坊、皇华亭、亭内的毗陵驿石碑以及古运河畔的大码头。据史料记载，乾隆南巡经停常州时，有三次就是从这个大码头登岸进城的。

篦箕巷原名花市街，古时巷内鳞次栉比的梳篦店兼售宫花。篦箕巷古时候一到晚上家家店里挂着宫灯，个个工场悬着照灯，常常彻夜不灭，晶莹的灯彩映在运河水里，与岸边船上灯火交相辉映，站在文亨桥上远远看去，宛如金色游龙，一片锦绣迷人的景象，因此，这里被称为常州西郊八景之一“篦梁灯火”。

美食推荐：

常州有十大农家招牌菜：寨桥老鹅、雪山草鸡、焦店扣肉、常州萝卜干、湟里牛肉、尊龙酱鸭、横山百页、芙蓉鲜螺、黄天荡大闸蟹、太湖银鱼。常州小吃如大麻糕、鸡汤菜肉馄饨、蟹壳黄等都非常不错。

周边景点：

常州恐龙城包括中华恐龙园、迪诺水镇、恐龙谷温泉、恐龙城大剧场、主题度假酒店、三河三园亲水之旅等旅游项目，是举家出游和亲子游的目的地。

72. 东南十八乡：沙溪古镇

镇上最有特色的就是保存完好、沿戚浦河而建的临水民居建筑群。戚浦河两岸的古宅民居以明清建筑为主，错落有致、鳞次栉比。

关键词：古镇、人文

地址：江苏苏州太仓市沙溪古镇白云路

推荐理由：

沙溪古镇是典型的江南古镇，其历史悠久，古时又称沙头，早在宋元时已集市成镇，到明清时，大批商人云集于此，临水建筑拔地而起，成为太仓一大镇，俗称“东南十八乡、沙溪第一乡”。

镇上最有特色的就是保存完好、沿戚浦河而建的临水民居建筑群。戚浦河两岸的古宅民居以明清建筑为主，错落有致、鳞次栉比，绵延1.5公里。古人为了通舟、取水、洗涤或乘凉观景，临水居民家家建有河棚间，棚下是水桥和船坞，各家河棚、水桥造型各异。舞蹈宗师吴晓邦故居里，精美的小白楼粉刷一新，设有吴晓邦事迹陈列室、龚氏雕花厅等，雕梁画栋，形态各异。由朱屺瞻题写园名的乐荫园，假山、亭子、廊坊、小湖、喷泉一应俱全。

美食推荐：

沙溪当地特色小吃有沙溪汤包、蟹壳黄，猪油米花糖、桃珍糕、盘香饼、涂松山芋等，鲜美可口。特产太仓牌肉松已有百年历史，制作考究，色泽金黄，咸中略带甜味。

周边景点：

海天禅寺的前身，俗称为“红庙”。乡里人以寺庙创建之初由红光现瑞，及创始人陈丹外号“红脸人”之故，遂称之为红庙。这里常住僧人不下百人，香火旺盛，是祈福之地。

73. 淮安母亲河：白马湖景区

平静如镜的湖面，清澈见底的湖水，垂柳拂面的湖堤，湖中九十九座小岛，似连非连，似断非断。岛上炊烟袅袅、芦荻摇曳，好一幅恬静的水乡风情画。

关键词：自然风光、人文

地址：江苏省淮安市金湖县

推荐理由：

白马湖是淮安的“母亲湖”，是淮安重要的湖泊水体资源。它并非一个湖，而是曲曲折折、大大小小许多湖的总称。欣赏白马湖最好的时候是夏日黄昏，极目远眺，湖水一片静谧，青苍的薄雾中，光影流动。水花伴着游客的笑闹声，小木船悄悄地划过，水鸟扑棱着羽翅，在蓬勃的水草里时隐时现，蓝莹莹的水里偶有云朵缓缓飘过。湖中九十九座小岛，似连非连，似断非断。岛上炊烟袅袅、芦荻摇曳，好一幅恬静的水乡风情画。

美食推荐：

秋冬季节，可以去白马湖品尝大闸蟹。因为水质清澈，水草茂盛，白马湖大闸蟹膏厚脂肥、味道鲜美，久负盛名。

周边景点：

周恩来纪念馆位于淮安市城北的桃花垠，建在三面环水的人工半岛上。整个建筑造型既有传统的民族风格，又有现代建筑特色。

74. 算盘文化：南通珠算博物馆

紫檀算盘厅内造型古朴、结构独特的巨型紫檀算盘，集算盘制作和紫檀工艺于一身，无不向世人彰显着中国传统文化的灿烂与辉煌。

关键词：博物馆、人文

地址：江苏省南通市崇川区濠北路 58 号

推荐理由：

江苏省南通市中国珠算博物馆，坐落在风光绮丽的濠河之畔，是世界上最大的珠算专题博物馆。

博物馆占地 30 亩，建筑面积 6000 平方米，主体建筑新颖独特、错落有致，分博古鉴今馆、开心启智园和滨河风情区三部分，集展示、研究、教学、交流、旅游等功能于一体。博物馆内设有珠算史厅、算盘精品厅和紫檀算盘厅。珠算史厅通过精美的展品、古朴的色调，展现了中国珠算的悠久历程与深厚底蕴；算盘精品厅内陈列着大小、形状、质地各异的古今算盘；紫檀算盘厅内造型古朴、结构独特的巨型紫檀算盘，集算盘制作和紫檀工艺于一身，无不向世人彰显着中国传统文化的灿烂与辉煌。

美食推荐：

南通的海鲜名菜主要有白汁鮰鱼、铁板文蛤、文峰双竹、糖醋黄鱼等。在南通，当地的糕点也不可错过。嵌桃麻糕与西亭脆饼，为南通两大特色产品。

周边景点：

明末清初江南才子冒辟疆与秦淮佳丽董小宛栖隐过的如皋水绘园，是江海平原上一颗璀璨的明珠。

金利合
揀選道地藥材
採辦參茸燕桂
發展中華國藥
杜煎虎鹿龜膠
精製飲片丸散
378

江西篇

JIANGXI

75. 清代四大雕版印刷基地之一：竹桥古村

竹桥古村是我国清代四大雕版印刷基地之一，距今约800年，是一个保存完好、古风浓郁、文化底蕴极其深厚的古代村落。

关键词：古村、历史、人文

地址：江西省抚州市金溪县双塘镇

推荐理由：

竹桥古村是我国清代四大雕版印刷基地之一，距今约800年，是一个保存完好、古风浓郁、文化底蕴极其深厚的古代村落。

竹桥村是我国南方农耕文明的历史见证，拥有109幢明清宅院建筑。这里农耕与儒商并重，村中在全国各地以商致富而被历史记载的有多达40余人。据竹桥村家谱记载，康乾时期，竹桥人所刻古籍在全国都设有分号，江西雕版印书以金溪竹桥人开的“余大文堂”为最大、最早。

村子门楼前有古井三口，品字形排列，寓意为人、为学、经商，都要讲究品德之意。门楼内房舍俨然，宅栉邻比，户近两百，人近千丁。村子里有书院、有雕版刻书的作坊、有致仕归乡官员的书房居宅，也经常能见到龙灯、马步灯等民俗表演。

美食推荐：

抚州名吃有炒麦鸡、冻米肉丸、墨鱼粉皮、银鱼炒藕丝、豆豉甲鱼、麻鸡绿蛋、五香麻鸡等，虽然外表朴实无华，但是味道都不错，品尝之后，令人难忘。

周边景点：

乐安县牛田镇中，被誉为“千古第一村”的流坑村、莲文化的代表广昌县驿前古镇，均是中国古代建筑文明缩影中经典的建筑群落。如果是秋天游玩，还可以去抚州南丰县品尝贡橘、看傩戏。

76. 江西四大名镇之一：河口镇

河口镇曾是历史上江西四大名镇之一。明嘉靖年间，这里手工业发达，到了清乾隆年间，这里成了商贾云集的"八省通衢"之地。

关键词：古镇、人文

位置：江西省上饶市铅山县河口镇

推荐理由：

江西上饶铅山县城的河口镇曾是历史上江西四大名镇之一。明嘉靖年间，这里手工业发达，水路直通鄱阳湖，到了清乾隆年间，河口镇进入鼎盛时期，这里成了商贾云集的"八省通衢"之地。

明清古街由东而西沿信江南岸建筑，旧分一堡、二堡、三堡，全长约 2.5 公里。沿街基本都是木制的房子，一般都是两层楼，这种房子底层很高，所以夏天非常凉快，里面的窗户一般都是雕花的，有些保管较好的民居中，床也是雕花的。房子和房子之间都有一道狭窄的弄堂，清净而悠长。整个古街的道路都是用长条青、麻石铺砌而成，布满车辙，这可是当年独轮车压下的深深痕迹。走在古镇上，可以浮想当年的繁华和热闹，回味"货聚八闽川广，语杂两浙淮杨，舟楫夜泊，绕岸灯辉"的景象。

美食推荐：

烧饼是河口的经典小吃。其不同于北方的烧饼，里面有肉馅，贴在炉壁烤熟，非常喷香。灯盏馃是河口美味，形似灯盏，里面盛满肉丝、香菇、豆芽等各种馅料，用笼屉蒸熟。河口米粉也值得一尝，汤粉、炒粉、干拌粉等味道都不错。

周边景点：

葛仙山是著名的道教名山，位于上饶市铅山县中部，奇峰、异石、云海、松涛，自然景观和人文景观极为丰富。河口镇周边 30 公里处还有一个石塘古镇，十分清净。

77. 三山半落青天外：白鹭洲

白鹭洲位于江西省吉安市区东面的赣江中，为一梭形绿洲，由江水挟带泥沙沉积而成，形似白鹭，洲上茂林修竹绿荫如盖，成为百鸟栖息之所。

关键词：自然风光

地址：江西省吉安市

推荐理由：

白鹭洲位于江西省吉安市中心东面的赣江中，是一梭形绿洲，因洲上原多栖白鹭而得名。洲上四面环水，波光粼粼，隔岸的青原山，连绵起伏，苍茫叠翠。由于白鹭洲离岸较远，所以尽管洲心地势比江岸高，但因视差关系，站在岸上望之，总觉得白鹭洲远比江岸低，然而每遇洪水，江岸水淹，而洲心不没，故有“水涨白鹭浮”之说。

白鹭洲因白鹭洲书院而得名，该书院与白鹿洞、豫章、鹅湖同为江西四大书院。白鹭洲上现存“云章阁”，为明万历年重建，还有风月楼、泮月池、状元桥、古吉台等书院遗址。自古以来，白鹭洲一直是学府所在地，历经七百余年，洲上一直书声琅琅，江西省重点中学——白鹭洲中学就在洲上。一座白鹭洲大桥，将其与市区连接起来，上洲极为方便。

美食推荐：

吉安菜即庐陵菜，选料精细，讲究刀工，在烹调上擅长烧、焖、炒，注重保持原汁原味，突出鲜香。血鸭、上品乌鸡、万安玻璃鱼等都是不错的菜肴。

周边景点：

文天祥纪念馆是江西省最大的一座历史名人专题纪念馆，坐落于吉安城东，完整介绍民族英雄文天祥的生平业迹。燕坊古村是一个明清建筑群保存完好的历史文化名村，现存明清建筑160余处，包括宗祠、学堂、牌坊、民宅、古井、古塘、古墓等。

78. 永远的丰碑：井冈山革命博物馆

井冈山革命博物馆是为纪念中国共产党创建的第一个农村革命根据地——井冈山革命根据地而建的遗址性革命史类博物馆，是国家一级博物馆。

关键词：博物馆、历史

地址：江西省吉安市井冈山市茨坪红军南路

推荐理由：

井冈山革命博物馆是为纪念中国共产党创建的第一个农村革命根据地——井冈山革命根据地而建的遗址性革命史类博物馆。现为江西省文化厅四大直属馆之一，全国首批国家一级博物馆。

博物馆馆藏文物有 3 万多件，其中国家一级珍贵革命文物 24 件，二级革命文物 91 件；馆藏文献文字资料 5000 多份；馆藏图片资料 4000 多张；珍藏保存党和国家领导人、著名书画家及社会各界知名人士的墨宝真品数百幅；保存老红军战士的电视录像和毛泽东、朱德等井冈山革命根据地创始人重上井冈山的电影资料几十件。在陈展方式上，博物馆追求与建筑风格和环境气氛的统一协调，力求通过现代化的展览手段和丰富的表现形式，采用大框架、立体版面。除传统的陈展手段外，馆方还增加了 19 处融展陈、造型艺术与声光电、多媒体艺术为一体的大型场景。其中《八角楼灯光》场景运用幻影成像真人比例动态演示为全国第一，序厅自动移合的大型电子屏幕，开创了全国革命纪念馆序厅设计的先河。

美食推荐：

井冈山地区特有的井冈红米饭、南瓜、地瓜粥是必须品尝的“忆苦思甜”饭。还有井冈山烟笋烧肉、石耳炖武山鸡、兰花小竹笋等，也都是当地特色菜。

周边景点：

黄洋界是人文和自然景观相结合的景区。黄洋界山顶海拔 1343 米，这里峰峦叠嶂，地势险峻，气象万千，时常弥漫着茫茫的云雾，好像汪洋大海一望无际，故又名汪洋界。黄洋界景区包括：黄洋界、大井，八面山和上井。

79. 庐陵文化发祥地：富田镇古村落

青原富田，一座拥有1000多年历史的文化古镇。这里是南宋民族英雄文天祥的故里，也是庐陵文化重要发祥地。2010年这个镇被国家住房与城乡建设部和国家文物局评为“中国历史文化名镇”。

关键词：古镇、人文

地址：江西省吉安市青原区

推荐理由：

青原富田是一座拥有1000多年历史的文化古镇。这里是南宋民族英雄文天祥的故里，也是庐陵文化重要发祥地。2010年富田镇被国家住房与城乡建设部和国家文物局评为“中国历史文化名镇”。

富田镇拥有宋、元、明、清时期的各种建筑，其中以祠堂、庙宇最为显著。富田王家宗祠诚敬堂是一座全国罕见的大祠堂，始建于明朝中期，至今已经历500多个春秋。除拥有丰富的儒家文化外，还有佛教、道教文化，以及通过从云南、贵州传入的天主教和基督教文化，各种宗教文化在富田重叠，又相互融洽，造就了富田文化的独树一帜。

富田镇是当年中央苏区革命活动的中心，许多老一辈革命家在这里留下了众多战斗和生活遗址，现在还保存了许多旧址，同时还保存着红色标语300多条，鲜活而生动地展现了红色革命时期各个珍贵的历史镜头。从这块神奇的土地上走出了袁新平、刘贤权等八位共和国开国将军。

美食推荐：

吉安泰和萝卜集甜、酸、辣、鲜、脆于一身，生吃或做菜都很美味。登龙粉芋个头大且均匀、润滑可口、营养丰富，具有开胃生津、消炎镇痛、补气益肾等功效，可治胃痛、痢疾、慢性肾炎等。

周边景点：

文陂乡的渼陂古村集古商业和明清建筑文化一体，离吉安城30公里。村中保存着较为完整的古代和近现代文化印迹。

80. 沉甸甸的回忆：井冈山革命烈士陵园

踏入陵园大门，有一块横式牌坊园标“井冈山革命烈士陵园”，九个烫金大字为参加过井冈山革命斗争的老红军宋任穷同志所题写。

关键词：陵园、纪念馆、历史

地址：江西省吉安市井冈山市五井路

推荐理由：

井冈山革命烈士陵园位于茨坪北面的北岩峰上。踏入陵园大门，有一块横式牌坊园标“井冈山革命烈士陵园”，九个烫金大字为参加过井冈山革命斗争的老红军宋任穷同志所题写。进门后，经过花坛园庭，依山而上的宽阔平台台阶分为两组，第一组 49 级，象征 1949 年新中国成立；第二组 60 级，寓意陵园是在井冈山革命根据地创建六十周年的 1987 年建成。

瞻仰大厅左侧陈列室介绍的人物是在新中国成立后去世的参加过井冈山革命斗争的领导人的挂像，目前有 51 位。他们当中有开创井冈山革命根据地的主要领导人毛泽东、朱德、彭德怀、陈毅，以及军队中的一大批将帅。右侧陈列室介绍的是建国前牺牲的革命先烈，他们都是在井冈山革命斗争时的老红军、老干部。这组烈士挂像目前有 54 位，其中有的烈士的照片是本人照片，有的是根据他们的亲属和战友的回忆画下来的。

美食推荐：

井冈山红米因米皮呈酱红色而得名，红军在井冈山坚持斗争时期吃的红米饭，指的就是这种米。因此，井冈山红米在政治上有深远的意义。井冈山红米主产于井冈山、遂川等地，营养丰富、蛋白质含量高，饭味香浓，口感好。

周边景点：

龙潭位于茨坪北面七公里处，有五潭十八瀑，龙潭以瀑布数量多、落差大、形态美而著称。从龙潭口沿着花岗岩的步道经鹰嘴岩、揽云台，就可到长寿泉。长寿泉的泉水终年从山体岩石中渗入长寿池，池水因矿物质丰富，五分硬币平放在水面都不会沉入池中。

81. 闪闪的红都：中央革命根据地历史博物馆

该馆为国家一级博物馆，馆藏珍贵文物一万多件。除了陈列馆外，叶坪、沙洲坝、云石山、中革军委等四处革命旧址群非常有看点。

关键词：博物馆、历史、人文

地址：江西省瑞金市城西龙珠路1号

推荐理由：

1931年11月7日，中国共产党创建的第一个全国红色政权“中华苏维埃共和国临时中央政府”在江西省瑞金宣告成立，瑞金成为全国苏区的政治、经济、军事和文化的中心。

中央革命根据地历史博物馆位于江西省瑞金市苏维埃纪念园内，是为纪念土地革命战争时期中国共产党及其领袖毛泽东、朱德、周恩来等直接领导为创建中央革命根据地和中华苏维埃共和国而浴血战斗的经历而建立的。2007年，瑞金中央革命根据地纪念馆新馆竣工，建筑面积达10100平方米，馆藏珍贵文物一万多件。该馆是国家一级博物馆，除了陈列馆外，叶坪、沙洲坝、云石山、中革军委等四处革命旧址群非常有看点。

美食推荐：

瑞金的小吃非常多，如瑞金鱼丸、瑞金豆腐干等，在大街小巷都能吃到，价格也很便宜。还有炒油渣、瑞金牛肉汤等，味道也很不错。

周边景点：

第二次苏维埃代表大会会址（中央政府礼堂），是中华苏维埃共和国临时中央政府大礼堂旧址。大礼堂共有两层，楼面为回廊式，并有阶梯式楼座，楼下成半圆形，整个礼堂可容纳2000多人。

82. 中国军史第一馆：八一起义纪念馆

南昌八一起义纪念馆是全国重点文物保护单位。南昌八一起义宣告了中国共产党把中国革命进行到底的坚定立场，标志着中国共产党独立地创建革命军队和领导革命战争的开始。

关键词：纪念馆、历史

地址：江西省南昌市西湖区中山路 380 号

推荐理由：

八一南昌起义是中国共产党为反击国民党当权派屠杀共产党人和工农群众，挽救革命，于 1927 年 8 月 1 日在江西省城南昌发动的武装起义。

南昌八一起义纪念馆是全国重点文物保护单位。南昌八一起义宣告了中国共产党把中国革命进行到底的坚定立场，标志着中国共产党独立地创建革命军队和领导革命战争的开始。作为宣传、展示人民军队诞生、发展、壮大历史的“中国军史第一馆”，纪念馆自开放以来就备受瞩目，周恩来、朱德、董必武、贺龙、陈毅、彭真等老一辈无产阶级革命家以及江泽民、胡锦涛等党和国家领导人先后莅临，参观指导。

2007 年 7 月，投资 1.53 亿元的纪念馆改扩建工程全面竣工并正式对外开放，占地面积由原来的 4207 平方米扩展为 10155 平方米，陈列面积由原来的 2250 平方米增至 5875 平方米。

美食推荐：

位于系马桩的“民间饭庄”能吃到很地道的南昌风味美食。瓦罐汤非常好，味道鲜得眉毛都要掉下来了。位于福州路 55 号的“0791 赣菜新概念”是典型的新赣菜，也可以尝试一下。

周边景点：

滕王阁是江南三大名楼之一，始建于唐朝永徽四年，因唐太宗李世民之弟——李元婴始建而得名，因初唐诗人王勃诗句“落霞与孤鹜齐飞，秋水共长天一色”而流芳后世。

83. 大型综合博物馆：江西省博物馆

博物馆将历史、自然、革命三个博物馆合在一起，组成一座大型综合性博物馆，这在全国尚属首创，也突出了江西省的特色。

关键词：博物馆、历史、人文

地址：江西省南昌市东湖区新洲路 2 号

推荐理由：

江西省博物馆新馆坐落在南昌市赣江、抚河环抱的新洲上。博物馆将历史、自然、革命三个博物馆合在一起，组成一座大型综合性博物馆，这在全国尚属首创，也突出了江西省的特色。

馆舍主体建筑造型取材明代景德镇御窑出土的白瓷三管器，历史馆、革命馆、自然馆三馆合一，将古代陶瓷艺术与现代建筑风格巧妙地融于一体，庄重典雅，别具一格。馆内中心广场矗立着大型青铜雕塑《时空》，由三根仿商代青铜器上的扉棱提梁、仿国宝级文物商代立鹿四足青铜甗和伏鸟双尾虎以及火炬四个部分组成，寓意灿烂文明源远流长。

美食推荐：

南昌大街小巷旁的油炸小摊可以吃到不少美味的小吃，豆腐干、小香肠、小青菜、海带卷、肉条、香蕉、圆藕片、鸡杂等，都炸得十分入味。

周边景点：

八大山人纪念馆是我国第一座古代画家纪念馆，占地约 39 亩，四面环水，形似八大山人笔下的游鱼，与西南面梅湖浑然一体，水陆相生，宛若“太极”天成，馆内布局一院一楼一中心，品形而立，风格独特。

84. 皖南事变的记忆：上饶集中营

上饶集中营是国民党于 1941 年 1 月初发动震惊中外的“皖南事变”之后，同年 3 月在江西上饶周田、茅家岭、李村、七峰岩等地设立的一座规模庞大的法西斯式人间地狱。

关键词：纪念馆、历史

地址：江西省上饶市信州区陵园路

推荐理由：

上饶集中营是国民党于 1941 年 1 月初发动震惊中外的“皖南事变”之后，同年 3 月在江西上饶周田、茅家岭、李村、七峰岩等地设立的一座规模庞大的法西斯式人间地狱。当年，监狱门外有荷枪实弹的卫兵日夜站岗，主要囚禁“皖南事变”中因谈判被扣的新四军军长叶挺和弹尽粮绝被俘的新四军排以上干部，还有部分从东南各省抓捕的共产党员和爱国进步人士，有 700 余人。1942 年，爱国志士在狱中秘密党组织的领导下，成功地发动了著名的“茅家岭暴动”和“赤石暴动”，这在国民党集中营历史上也是绝无仅有的。

上饶集中营目前有烈士纪念馆、烈士纪念碑、烈士陵园、茅家岭监狱旧址、本部旧址—周田村、七峰岩高干禁闭室旧址、李村叶挺囚室旧址等。

美食推荐：

上饶的特色早点主要是“粉”，烫米粉、猪肝粉、排骨粉、羊肉粉、肥肠粉是上饶人早餐的主食。上饶特有的粗湿米粉，经水捞后依不同口味，加入不同佐料，烫、煮、炒而成，风味很独特。

周边推荐：

三清山是道教名山，又名少华山，因玉京、玉虚、玉华三峰宛如道教玉清、上清、太清三位尊神列坐山巅而得名。其中玉京峰为最高，海拔 1819.9 米，是江西第五高峰，也是信江的源头。

85. 客家土楼的经典：邓家大屋

客家土楼的风格与江南传统建筑完美融合在一起，形成颇具实用性和观赏性的大院。房屋之间厅廊曲折、四通八达，暗沟水渠纵横交错，历经两百多年依然排水通畅。

关键词：古民居、客家文化

地址：江西省新余市分宜县湖泽镇尚睦村

推荐理由：

邓家大屋又名邓家围屋，原名立三堂，其历史可以追溯到清朝乾隆年间。当时有个叫邓勋的商人，随父辈从广东嘉应州（现为梅州），迁于分宜白田村，并在袁河两岸做油生意发家致富，尔后定居于尚睦村，在此建起了这幢客家风格的老屋。老屋占地约十六亩，四周以砖墙围绕，据说有 99 间房，从外面看，很像一个环形防御堡垒。邓勋的子孙在大屋扩建时，把客家土楼的风格与江南传统建筑完美融合在一起，形成颇具实用性和观赏性的大院。

如今，大屋里住了约一百多人，都是一个家族的。邓家大屋至今“养在深闺人不识”，其独特的建筑风格、宏伟的规模、保存完整的艺术雕刻品都非常值得一看。房屋之间厅廊曲折、四通八达，暗沟水渠纵横交错，历经两百多年依然排水通畅。

美食推荐：

新余小吃有香喷喷的木鱼粉、酸辣诱人的酸辣粉，而麻辣三绝——鸭翅膀，鸭脖子，鸭爪子，更是鲜辣味美，辣到过瘾。

周边景点：

仙女湖位于新余市西南郊 16 公里处，是古籍《搜神记》中记述的“仙女下凡”传说的发祥之地。50 平方公里的湖面，岛屿星罗棋布，湖水清澈见底，原始森林神秘诱人。

从建筑布局来看，邓家大屋呈中轴对称布局，中轴线上依次分布有门楼、槽门、晒场、茶厅（前厅）、前天井、大厅（中厅）、中天井、上厅（后厅）、祭堂、后天井、龙厅。大屋前后共五进，第一进为晒场，第二进是茶厅，第三进为大厅，第四进为上厅及祭堂，第五进为龙厅。中心建筑则是第二进至第四进，厅堂两侧筑有滴水式防火山墙，每面山墙五个檐顶都砌为元宝脊，以示招财聚宝之意。三座大厅各自独立，又连为一体，中间均有天井相隔，以便于采光及空气流通。

86. 江南客家古村落：白鹭村

白鹭是江南保存最完好且集中的客家古村落，虽历经八百多年的风吹雨打，至今仍保留着大量完整的明清古建筑，以及浓厚的客家文化。

关键词：古村、客家文化

位置：江西省赣州市赣县

推荐理由：

白鹭村位于江西省赣州市赣县的最南端，毗邻兴国县和万安县，因此，又有“一脚踏三县”之称。这里至今保留着大量完整的明清古建筑，以及浓厚的客家文化。

白鹭村历经860多年的风吹雨打，是江南保存非常完好且集中的客家古村落。悠久的历史让白鹭村拥有了为数不少的“第一”和“唯一”：中国第一座也是唯一一座以“女士”命名的女士祠、中国第一所希望小学、江南第一个村级民俗博物馆、故宫唯一一块遗留在外的金砖等。

白鹭古名居沿着鹭溪呈月牙形分布，村里的四条主要街道，极似一个大大的“丰”字。白鹭民居以祠堂为主，祠堂外围的墙高大挺直，每块砖都要经过一道研磨的工序，在没有水泥的时代，人们便用糯米和水来代替，几百年来依然坚固如初。

美食推荐：

赣州的早餐很有市井气息，春条、腌菜米果、碗儿糕等都颇具特色，且价格便宜。赣南小炒鱼是很有特色的江西特色小吃，这是从明代传下来的一道地方风味菜。

周边景点：

建议去赣州市区的郁孤台、蒋经国旧居、古城墙、八境台、八境公园、古浮桥、寿量寺、文庙、灶儿古巷等地方转转。另外，兴国县有“中国风水第一村”之称的梅窖镇三僚村也是趣味横生。

白鹭村的祠堂是清一色的连片黑瓦青砖，飞檐翘角，气势非凡。祠堂内雕梁画栋，玉柱花窗，天井错落有致，正厅和偏厅相得益彰，住房和杂屋秩序井然。官宦人家的祠堂门口排列着龙抱石、旗杆石、功名柱等，上面镶刻着文字、图案，表述主人的功名与官衔。白鹭村的东河戏十分有名，这是一种在江西赣州东河片地区高腔的基础上，融合了昆曲、宜黄调、桂剧、安庆剧、弋板、南北调、秧歌调等的戏曲，在当地十分受欢迎。

安徽篇

ANHUI

87. 历史文化名镇：水东古镇

水东古镇是宣州现存最古老的一座集镇，仍保留着大量明清古建筑，青砖灰瓦，独具匠心。耸立镇中的天主教堂，为华东地区六省市仅有的两座圣母教堂。

关键词：古镇、历史、人文

位置：安徽省宣城市宣州区水东镇

推荐理由：

水东古镇位于安徽省宣城市宣州区东南28公里处，是宣州现存最古老的一座集镇。其始建于唐宋，至明代已颇具规模。

现今这里仍保存着大量明清古建筑，青砖灰瓦，独具匠心。其中最引人注目的是耸立镇中的天主教堂，为华东地区六省市仅有的两座圣母教堂。街区内还有三官殿、祠山殿、东平殿和二仙庙、七仙庙、杨泗庙、五昌庙、鲁班庙、仙姑庙等“三殿六庙”，香火旺盛。

美食推荐：

笄山笋、宣州木瓜、琴鱼等都是宣州的名优土特产，其中以由笄山笋做成的火烧冬笋，最为出名。

周边景点：

宣城区域内的敬亭山、鳄鱼湖、谢朓楼，都是值得一逛的知名景点。自驾的话，建议可以前往周边广德的太极洞、徽杭古道，绩溪的胡氏宗祠一看。

水东古镇建镇已有1100多年历史。古镇老街进口处的宁东寺始建于唐代，是宣州现存最古老的寺庙。镇上的“十八踏”和“五道井”是两个极有特征的历史遗存，“十八踏”上建有一座二层牌坊，古朴典雅；“十八踏”下是青石砌成的方形古井，井下有一个20米见方的水池，井水明澈甘冽，终年不涸。

水东圣母堂为一座哥特式建筑，教堂为十字形，内部为砖木结构，古朴典雅。教堂建造坚固，细节处极为精致，虽然经过百余年风雨，依然矗立在水东古镇上。古镇青石板铺筑的街道两边是清一色洋溢着徽州风味的建筑，雕梁画栋，有些在风格上别出心裁，具有很高的艺术价值。水东古镇就如同一座徽州古建筑博物馆。

88. 江南诗山：敬亭山

云游四地，潇洒无牵挂的诗仙李白七次登山，留下了“相看两不厌，只有敬亭山”的诗句。

关键词：自然、人文

地址：安徽省宣城市

推荐理由：

敬亭山位于安徽宣城市北，水阳江畔，是国家森林公园和省级风景名胜区。敬亭山属黄山支脉，大小山峰 60 座，拥有一峰、净峰、翠云峰三大主峰，最高峰翠云峰海拔 324 米。自南齐谢朓《游敬亭山》和唐李白《独坐敬亭山》诗篇传颂后，敬亭山声名鹊起。谢李之后，白居易、杜牧、韩愈、刘禹锡、梅尧臣、汤显祖、施闰章、梅清、梅庚等慕名登临，吟诗作赋，绘画写记，历代吟颂敬亭山的诗、文、画达千数，敬亭山遂被称为“江南诗山”，饮誉海内外。

敬亭山有四大文化特色，即：诗、茶、佛、酒，并对应四大景区：双塔景区、独坐楼景区、一峰景区和宛陵湖景区，诗歌将这四大文化特色串联了起来。

美食推荐：

宣州木瓜是宣城宣州区的特产。宣州木瓜性温，味酸涩，有舒筋活络、祛风湿痹等功效。宣州区种植的宣州木瓜，已有 1500 余年历史，早在南北朝时期已定为“贡品”。

周边景点：

桃花潭景区内自然景观和人文景观融为一体，既有清新秀丽、苍峦叠翠的皖南风光，可观山川之灵气；又有保存完整、风格独特的古代建筑，可发思古之幽情。

89. 为了忘却的纪念：皖南事变烈士陵园

整座陵园以邓小平题写的“皖南事变死难烈士永垂不朽”纪念主碑为中心，结合山形地势，将各纪念建筑组成一个完整有序、庄严肃穆的有机整体。

关键词：陵园、历史、人文

地址：安徽省宣城市泾县水西山

推荐理由：

皖南事变烈士陵园位于皖南泾县城郊的水西山。1990 年初，为纪念皖南事变新四军将士殉难 50 周年而修建。

皖南事变烈士陵园由入口纪念碑、主题广场、主碑纪念广场和无名英雄烈士墓四个纪念性空间序列，配以皖南事变史料陈列室有机组合而成。整座陵园以邓小平题写的“皖南事变死难烈士永垂不朽”纪念主碑为中心，结合山形地势，将各纪念建筑组成一个完整有序、庄严肃穆的有机整体。陵园的入口利用两边的高岗形成了相对的两个“土阙”，成为陵园的天然门户。入口跨公路建有四座七米高具有皖南特色的石阙，四座石阙以数字寓意新四军的“四”，七米高隐喻皖南事变当时悲壮惨烈的七天七夜，形成了纪念性空间的第一序列。

进入陵园后，沿台阶向上约三十米是一个不规则的小型广场。正对面的挡土墙上镶嵌着叶飞题写的“皖南事变烈士陵园”字碑，点明陵园的主题，形成了纪念性空间的第二序列。从广场右转，是一条 50 米长的神道，神道正对着由两个石阙形成的神门，神道的石阶宽度逐步缩小成梯形，加强了透视感。神道有 90 级台阶分成三个层次，喻意当年九千新四军将士成三路纵队东进抗日。

美食推荐：

甜酒酿是用上等糯米酿制而成，在街头巷尾，常可以看见有人挑担子叫卖。担子两头是两只石鼓形的竹篮，竹篮上的盖子中间镶着玻璃，玻璃下面放着一碗碗甜酒酿。那酒酿中间还有一个凹坑，里面溢满了甜酒汁。

周边景点：

水西国家森林公园地处泾县城西郊，总面积 2147 公顷，林木覆盖率 79.6%，由水西、狮子山、象山、湖山坑、百岭坑和沿江六大景区组成。

90. 石雕艺术殿堂：绩溪三雕博物馆

博物馆坐落于周氏宗祠内，是安徽省唯一的专业博物馆，馆藏文物 600 多件，以砖、木、石雕为主。

关键词：博物馆、人文、建筑

地址：安徽省宣城市绩溪县华阳镇曹家井 39 号

推荐理由：

绩溪县三雕博物馆坐落于安徽省重点文物保护单位周氏宗祠内，是全省唯一的专业博物馆，馆藏文物 600 多件，以砖、木、石雕为主。

周氏宗祠始建于明代嘉靖年间，现存建筑面积为 1200 平方米。它由影壁、门楼、回廊、庭院、正厅、厢房及后进奉先楼七大部分构成。门楼为重檐歇山顶建筑法式，八只大戗角腾空四射，脊部花砖雕刻精细，分外古雅典雅。

绩溪县三雕博物馆除周祠本身各建筑部位上许多珍贵的砖、木、石雕艺术品和历史文物外，通过近六年的筹备，又在社会上征集了大量的明、清时代的砖、木、石雕精品，充实和丰富了馆藏内容。尤其是石雕制品不但数量之多，而且雕刻精美，有石雕艺术殿堂之美称。

美食推荐：

“十碗八”是流行于绩溪县岭南登源一带的民间宴席，它是一种民间套菜，一般只在婚寿吉庆之日操办。十碗八是由十只冷碟、八道大菜（点心）组成，菜品丰富，味道上佳。

周边景点：

绩溪紫园位于安徽绩溪县东的上马石村，其浓缩了徽州民居构建的各种风格，汇聚了徽州明清时期民居建筑之精华。紫园依山傍水，粉墙黛瓦，书院、楼阁、祠堂、和园林杂陈其间，使得整个环境富有文化气息和园林情趣。

91. 江南丝绸路：徽杭古道

徽杭古道是与“丝绸之路”、“茶马古道”齐名的我国著名的三条古道之一。如今，这里已经成为徒步者的天堂。

关键词：古道、人文、自然风景

地址：安徽省宣城市绩溪县—浙江省杭州市临安市

推荐理由：

徽杭古道西起安徽宣城绩溪县伏岭镇，东至浙江省临安市马啸乡，位于清凉峰国家级自然保护区北侧，北靠黄山，南依天目山，全长25千米，是古时联系徽州与杭州的重要纽带。徽杭古道保存最完整的一段是绩溪县境内的盘山石阶小道，是徽杭古道的精华所在。

据史料记载，徽杭古道早在唐代就已修成，是历史上徽商与浙商交流贸易的重要通道。徽杭古道附近的重要景点有：障山大峡谷、胡氏宗祠、清凉峰国家级自然保护区、江南第一关等。徽杭古道是与“丝绸之路”、“茶马古道”齐名的我国著名的三条古道之一。如今，这里已经成为徒步者的天堂。

美食推荐：

障山绿茶生长于海拔600-900米的山坡，叶芽富含多酚类、氨基酸，属徽茶良种之一。徽杭古道逍遥地区四面环山，夏季凉爽、雨量充沛、气候湿润、盛产山核桃已有200多年历史，山核桃壳薄，果仁香脆。

周边景点：

胡适故居是其父亲胡铁花于光绪三年至六年所建，为两进一楼通转式结构，是一座典型的徽派古建筑，小青瓦，马头墙，三开间，两层楼，门罩门楼，水磨砖雕。

92. 明清古建筑汇集地：潜口民宅博物馆

馆内有明清两代最典型的各式古民居、古祠堂、古牌坊、古亭、古桥等古建筑群以及有五百多年树龄的古树和古井、古匾，具有极其重要的历史、艺术和科学价值。

关键词：博物馆、古建筑

地址：安徽省黄山市徽州区潜口村潜黄路 1 号

推荐理由：

潜口民宅博物馆坐落在黄山第一峰——潜口紫霞山麓，地处宁、赣、沪、杭进入黄山之要道，依山傍水、环境幽雅。1988 年，该馆被国务院公布为全国重点文物保护单位；1993 年，被国家文物局评为“全国优秀博物馆”。馆内有明清两代最典型的各式古民居、古祠堂、古牌坊、古亭、古桥等古建筑群以及有五百多年树龄的古树和古井、古匾，具有极其重要的历史、艺术和科学价值。

博物馆最珍贵的展品莫过于“明永乐御赐牌匾”。明永乐年间（1403-1424 年），潜口村汪善考取进士之后，永乐皇帝特赐牌匾悬挂其家祠之内。虽然年代久远，但牌匾历尽沧桑，保存完好。

美食推荐：

臭鳜鱼是徽州名菜，初次见到的人不敢下筷，因为鳜鱼发出的似臭非臭的气味，叫人有点担心。其实，这绝不是菜变味而发出的异味，而是这道菜独有的风味，名副其实的闻着臭，吃着香，肉质醇厚入味。

周边景点：

胡文光刺史坊与徽州各地的牌坊式样不同，其有五个层次分明的楼阁，成为“楼阁式”。石雕古朴精湛，造型富丽堂皇。瑞玉庭建于清咸丰年间，是一座具有代表性的徽商住宅。从上而下整体看来似“商”字形状，当人从下穿过时就与其组成了完整的“商”字，寓含着“人人皆经商”之意。

93. 流动的清明上河图：屯溪老街

屯溪老街建筑古朴典雅，是一条具有明清建筑风格的步行商业街，被誉为“活动着的清明上河图”。

关键词：古街、人文

地址：安徽省黄山市屯溪区中心地段

推荐理由：

屯溪老街北面依山，南面傍水，全长1272米，精华部分853米，宽5至8米。包括一条直街、三条横街和18条小巷，由不同年代建成的300余幢徽派建筑构成的整个街巷，呈鱼骨架形分布，西部狭窄、东部较宽。因屯溪老街坐落在横江、率水和新安江三江汇流之处，所以又被称为流动的“清明上河图”。这里是中国保存最完整、最具有南宋和明清建筑风格的古代街市，也是中国“全国重点文物保护单位”。2009年，屯溪老街与北京国子监街、苏州平江路一同当选为“中国历史文化名街”。

屯溪老街西起明建横江石拱大桥——镇海桥，东至牌坊碑记。这里全是马头墙、小青瓦、白粉墙；砖木结构的铺面，精巧玲珑的楼阁、镂刻精美的花纹图案，加上小门、大堂、天井、屋与屋之间的深窄小巷，错落别致，热闹繁华，显示了徽派建筑格局的古朴典雅，别有情趣。

美食推荐：

屯溪老街集中了许多安徽名小吃。在老街东口有大名鼎鼎的老街一楼和美食人家，中间还有老徽馆；街上更不乏各式小吃，最多的是烧饼，用梅干菜和肉丁做馅，芝麻撒面，放入特制的炭火炉中贴壁烤制，吃起来又香又脆。

周边景点：

屯溪博物馆有三大专题展——《徽州砖雕艺术展》《徽州人物容像展》《明清家具展》；中国首家古建筑形式的私人博物馆——万粹楼，馆藏500多件当代名人字画、900方珍贵砚台，是国内少有的古建筑形式的私人博物馆。

91. 金碧辉煌的古建筑群：相山风景区

相山公园东北角，龙山、虎山两峰之峪，有一片金碧辉煌的古建筑群——千年名刹显通寺（俗称相山庙），该寺至今已有1700多年历史。

关键词：自然风光、古刹

地址：安徽省淮北市相山区

推荐理由：

相山风景区是开放式公益景区，总面积约12.7平方公里，森林覆盖率高达95%，坐落于有着4000多年建城史的国家园林城市安徽省淮北市相山区境内。风景区内含惠泽公园、相山公园、相山东麓的长山公园三个主题公园以及黄里景区等，目前该景区为国家4A级旅游景区，即将申报国家5A级旅游景区。

相山公园东北角，龙山、虎山两峰之峪，有一片金碧辉煌的古建筑群——千年名刹显通寺（俗称相山庙），该寺至今已有1700多年的历史。现在的庙宇是依明清建筑风格修复的，为安徽省重点文物保护单位。摩崖石刻位于显通寺东龙山山腰处的石壁底部处，峭壁下端摩崖碑刻“渗水崖”，上款题“乾隆甲午清和月”，下款“长白高晋题”。

美食推荐：

双堆面鱼并不是鱼，而是淮北地区的一种面食。因为拨到锅里的一个个面鱼儿十分均匀，样子都是一头尖，有几分像小鱼儿，所以人们以其形似，便把这种面食称作“面鱼”。

周边景点：

相山动物园内动物众多，其中，国家一级保护动物有东北虎、华南虎、金钱豹、狼、豺等；爬行类有鳄鱼、蟒蛇、龟类等；还有非洲狮、金鱼等。市树市花园，占地1.3公顷，栽种有国槐、银杏、梅花、月季等众多植物花卉。

95.《儒林外史》诞生地：吴敬梓纪念馆

馆内收藏有《儒林外史》的各种版本以及吴敬梓的其他著作，如迄今发现最早的刻本《卧闲草堂本》等。

关键词：纪念馆、人文、历史

地址：安徽省滁州市全椒县河湾街88号

推荐理由：

吴敬梓纪念馆是为纪念安徽第一大文豪《儒林外史》作者吴敬梓而建，隔着襄河与吴敬梓故居“探花地”相望。

吴敬梓纪念馆内收藏有《儒林外史》的各种版本以及吴敬梓的其他著作，如迄今发现最早的刻本《卧闲草堂本》、民国时期的《增补齐省堂本》，以及《文木山房集》、《文木山房诗说》，还有其七言古诗手迹《奉题雅雨大公出塞图》的缩小件（原件大约长2米、宽1米，是国家一级文物，现藏于北京故宫）等。东西展厅还陈列有中外专家学者对《儒林外史》的研究成果和其故居的部分文物、石刻以及著名书画家的作品。

美食推荐：

滁州的天长雪片糕十分出名，将糯米煮熟，搁置一段时间，再将糯米粉、水、糖等作料按照一定的比例调配好，炖熟即可。此外，滁州的梅白鱼、池河雪片糕、琅琊酥糖等也非常好吃。

周边景点：

琅琊山古名摩陀岭，这里自然风光秀美，人文景观丰富，自古有“皖东第一名胜”之赞誉，是历代达官显宦、文人名士旅游雅聚之地，为我国24座文化名山之一。

96. 大将风采：马鞍山三国朱然家族墓地博物馆

三国东吴左大司马、右军师朱然之墓发掘于 1984 年 6 月，墓葬的价值可以说是一个时代的标尺。

关键词：博物馆、历史

地址：安徽省马鞍山市雨山区朱然路 3 号

推荐理由：

马鞍山市三国朱然家族墓地博物馆是安徽省首批对公众免费开放的博物馆之一，是在朱然墓的基础上建立起来的专题性博物馆。三国东吴左大司马、右军师朱然之墓发掘 1984 年 6 月，墓葬的价值可以说是一个时代的标尺。

馆内珍贵展品有：季札挂剑图漆盘，盘中绘有春秋时期吴季札挂剑徐君家树的历史故事；青瓷卣形壶，灰白胎，蟹壳青釉，椭圆口，肩部和圈足分别压印联珠纹、菱形网格纹和锯齿纹、菱形网格纹，肩部四周对称贴塑四个羊首，上附条形耳；犀皮黄口羽觞，器身属“黑面红中黄底片云纹犀皮”工艺，表面光滑。

美食推荐：

“口袋鸭”味道鲜美，其主料均选用两年以上农家土老鸭和鲜嫩土猪肚，配当归、党参、沙参、枸杞等十多种名贵药材精制而成，营养丰富，味道纯正，开胃健脾，滋阴补肾，活血养颜，四季皆宜。

周边景点：

采石矶风景名胜区是以采石矶为主体，以长江为纽带，以诗人李白活动贯穿其中，是安徽省首批省级风景名胜区之一，因山水风光、绝壁矶石而名闻天下，列为长江三矶之首。

97. 千年水利工程师：孙叔敖纪念馆

纪念馆位于风景秀丽、物产丰富的寿县安丰塘北岸，曾是春秋时期楚相孙叔敖兴修千年水利工程的地方。

关键词：纪念馆、历史、人文

地址：安徽省寿县安丰塘北岸

推荐理由：

孙叔敖纪念馆，又名楚相祠，位于风景秀丽的安徽寿县安丰塘北岸，为后人纪念春秋时期楚相孙叔敖兴修千年水利工程安丰塘所建，是国家重点文物保护单位“安丰塘”的重要附属建筑。

据《水经注》“淝水”条曰“水北经孙叔敖祠下”，推知古祠始建年代最迟不晚于北魏，距今已逾1500年。如今，古祠占地2576平方米，建筑面积525平方米，存有山门、还清阁、大殿东西配殿、碑廊等古建筑物。内部孙公圣迹展，芍陂史迹和安丰塘专题展览，展品众多、内容丰富，环境优美，绿荫叠翠、鸟语花香，游人至此睹物思古之情油然而生。

美食推荐：

安丰塘镇农家饭馆水产品的鱼虾、河蚌农家菜都非常不错。此外，寿县牛肉汤、大救驾、安丰塘的银鱼豆腐等也值得一尝。

周边景点：

玄帝庙公园景区位于寿县城西南30公里正阳关镇境内，玄帝庙坐落于公园西南一隅，庙宇大殿内供奉的玄天大帝等五尊铜神像均为明朝正德七年（1512年）用四吨多精铜铸造而成，是难得一见的古代雕塑铸造艺术精品。

98. 小桥流水人家：岭下苏村

岭下苏村（又名岭下村）人文资源颇多，有保存完好的元代“五福庙”，全国仅存两座。

关键词：古村、人文

地址：安徽省黄山市黄山区永丰乡

推荐理由：

岭下苏村的古貌保存较完好，一条沙河从村西北至东南呈月牙形将村庄分为东西两块，从而形成天然水口。沙河两段均有花岗岩石块砌成，绵延 200 米，其东岸是通往青阳的石板古道，古风尤存。沙河在村东的拐弯处有一座由六块石板组成的古桥，此桥将村东与村西有机地结合在一起。村中的古宅由西北的高地向东南的底地依次而建，错落有致，远远望去似一幅水墨山水画。

美食推荐：

豆腐老鼠是徽州风味小吃。取上好精肉、白豆腐为主料，配以生姜、鸡蛋等，其味细嫩鲜美，老弱妇孺咸宜，是调养病体的极佳食品。

周边景点：

黄山为三山五岳中三山之一，集中国各大名山的美景于一身，尤其以奇松、怪石、云海、温泉“四绝”著称，是大自然造化中的奇迹。

99. 历史文化名村：瞻淇古村

瞻淇村已有 1300 多年的历史，历史文化底蕴深厚，村内古民居基本完好，保存完整的明清古建筑约 40 余幢。

关键词：古村、历史、人文

地址：安徽省黄山市歙县北岸镇

推荐理由：

瞻淇村已有 1300 多年的历史，历史文化底蕴深厚，村内古民居基本完好，保存完整的明清古建筑约 40 余幢，富丽纤巧。瞻淇村内有一条贯通东西的主街，它与村子总朝向相垂直。主街以和上坑水交叉点纸码店桥为界，桥东称上街，桥西称下街。这条主街原是古徽州府通往杭州的古道，宽约 3 米，垂直主街有五六条古巷道，整个布局和谐、讲究，是经过严密的统一规划和设计的。村子里古民居的屋主对自家的宅院都进行了精心打造，尤其是砖、石、木“三雕”工艺，处处体现出巧夺天工的神息与匠心，堪称徽州一绝。

美食推荐：

歙县是中国四大古城之一，也是美食之乡，在歙县有吃不尽的徽州菜肴，毛豆腐、臭鳜鱼、春笋、地衣、蕨菜等都是歙县特色美食。

周边景点：

徽州古城坐落在歙县县城徽城镇中心，其有徽州“文化大观园”之称，再现了徽州城明清时期的风貌。

图书在版编目（CIP）数据

无价体验：99免费景点攻略．沪苏浙皖赣篇 / 《旅游时报》社编．-- 上海：东方出版中心，2015.12

ISBN 978-7-5473-0906-3

Ⅰ．①无… Ⅱ．①旅… Ⅲ．①旅游指南－华东地区Ⅳ．① K928.9

中国版本图书馆 CIP 数据核字 (2015) 第 301646 号

责任编辑　丁国生

策　　划　林倩

出版发行　东方出版中心

地　　址　上海市仙霞路 345 号

电　　话　（021）62417400

邮政编码　200336

印　　刷　上海安全印务有限公司

开　　本　210×120　1/32

印　　张　3.75

版　　次　2016 年 1 月第 1 版第 1 次印刷

ISBN 978-7-5473-0906-3

定　　价　29 元